王澤應 注譯

新譯學庸讀本

三民書局 印行

國家圖書館出版品預行編目資料

新譯學庸讀本／王澤應注譯.－－初版五刷.－－臺北市：三民，2021
面；　公分.－－(古籍今注新譯叢書)

ISBN 978-957-14-4038-5（平裝）
1. 大學(經書)－註釋 2. 中庸－註釋

121.252　　93003900

古籍今注新譯叢書

新譯學庸讀本

注譯者　王澤應
發行人　劉振強
出版者　三民書局股份有限公司
地　址　臺北市復興北路 386 號 (復北門市)
　　　　臺北市重慶南路一段 61 號 (重南門市)
電　話　(02)25006600
網　址　三民網路書店 https://www.sanmin.com.tw

出版日期　初版一刷 2004 年 4 月
　　　　　初版五刷 2021 年 7 月
書籍編號　S032620
I S B N　978-957-14-4038-5

三民書局

刊印古籍今注新譯叢書緣起

劉振強

人類歷史發展，每至偏執一端，往而不返的關頭，總有一股新興的反本運動繼起，要求回顧過往的源頭，從中汲取新生的創造力量。孔子所謂的述而不作，溫故知新，以及西方文藝復興所強調的再生精神，都體現了創造源頭這股日新不竭的力量。古典之所以重要，古籍之所以不可不讀，正在這層尋本與啟示的意義上。處於現代世界而倡言讀古書，並不是迷信傳統，更不是故步自封；而是當我們愈懂得聆聽來自根源的聲音，我們就愈懂得如何向歷史追問，也就愈能夠清醒正對當世的苦厄。要擴大心量，冥契古今心靈，會通宇宙精神，不能不由學會讀古書這一層根本的工夫做起。

基於這樣的想法，本局自草創以來，即懷著注譯傳統重要典籍的理想，由第一部的四書做起，希望藉由文字障礙的掃除，幫助有心的讀者，打開禁錮於古老話語中的豐沛寶藏。我們工作的原則是「兼取諸家，直注明解」。一方面熔鑄眾說，擇善而從；一方面也力求明白可喻，達到學術普及化的要求。叢書自陸續出刊以來，頗受各界的喜愛，使我們得到很大的鼓勵，也有信心繼續推廣這項工作。隨著海峽兩岸的交流，我們注譯的成員，也由臺灣各大學的教授，擴及大陸各有專長的學者。陣容的充實，使我們有更多的資源，整理更多樣化的古籍。兼採經、史、子、集四部的要典，重拾對通才器識的重視，將是我們進一步工作的目標。

古籍的注譯，固然是一件繁難的工作，但其實也只是整個工作的開端而已，最後的完成與意義的賦予，全賴讀者的閱讀與自得自證。我們期望這項工作能有助於為世界文化的未來匯流，注入一股源頭活水；也希望各界博雅君子不吝指正，讓我們的步伐能夠更堅穩地走下去。

新譯學庸讀本　目次

中庸

附錄

導讀

《大學》、《中庸》本是《禮記》（亦稱《小戴禮記》，記錄有關先秦各種禮儀論說選集的著作，西漢戴聖編，凡四十九篇）中的兩篇文章。《小戴禮記》原為對《儀禮》（西周、春秋時代禮儀活動的彙編，漢代稱作《士禮》，亦稱《禮經》，為儒家經典之一）經文進行解釋、說明和補充的參考資料。東漢時，經學大師鄭玄為《小戴禮記》作注，使之擺脫附屬《儀禮》的地位而獨立成書，至唐代被立為經，與《儀禮》、《周禮》並稱為「三禮」。隨著《禮記》在唐代地位的上升，一些思想家開始系統鑽研《禮記》和其中的文章，並注意到《大學》、《中庸》等篇的理論建樹。

《大學》是從唐代韓愈提出儒家道統論，講「大學之道」，才開始為人所注意。韓愈在〈原道〉中根據《大學》講正心誠意的一段話推出了反佛教的結論，認為《大學》講的正心誠意與佛教的所謂治心一樣，都非常重視個人的身心修養，但二者的目的卻是截然不同的，即《大學》的目的是齊家治國平天下，維護君臣父子的宗法等級制度，而佛教的目的則在於拋棄這種封建倫常關係，去追求所謂清淨寂滅之道。韓愈引用《大學》關於「修齊治平」的言論來批評佛家，其指歸在於發揮儒家重視現實倫理的長處，以捍衛和堅守儒家倫理的應有地位。

《中庸》的被重視，首先要推李翱。李翱在〈復性書〉中認為，《中庸》是儒家的一部「性命之書」。由於這部書在漢以後被淹沒了幾百年，致使一些人得出了儒家「不足以窮性命之道」的結論，於是競相到佛道那裡去尋求對性命的關照智慧。為了復歸和弘揚儒家的道統，李翱一改傳統的注釋方法，而是直接採用「以心通」的方法來發揮《中庸》的性命之道，力圖建立一套帶有儒家特色的身心修養的學問。韓愈、李翱把《大學》、《中庸》看作與《孟子》、《易經》同樣重要的經書，竭力推崇其在儒家思想中的地位。

宋代二程、朱熹祖述這種觀點，對《大學》、《中庸》作了深入的研究和發揮。《宋史・道學傳・序論》指出，程顥、程頤「表章《大學》、《中庸》二篇，與《語》、《孟》並行。於是上自帝王傳心之奧，下至初學入德之門，融會貫通，無復餘蘊。」可見，四書並行，初出於二程的表彰。朱熹在〈大學章句序〉中指出：「宋德隆盛，治教休明。於是河南程氏兩夫子出，而有以接乎孟氏之傳，實始尊信此篇而表章之，既又為之次其簡編，發其歸趣，然後古者大學教人之法，聖經賢傳之指，粲然復明於世。」朱熹本於二程，特別推崇《大學》、《中庸》，使之與《論語》、《孟子》並列，稱為「四書」，並以畢生精力為「四書」作注釋，自稱「畢生鑽研，死而後已」。他所撰著的《四書集注》，又稱《四書章句集注》，先後耗費四十餘年，是系統闡釋儒家四書精義的經典力作。此書問世後，曾長期作為元明清三代科舉取士的經典文獻和知識分子的必讀教科書，在歷史上影響極為深遠。

自朱熹把《大學》、《中庸》與《論語》、《孟子》合在一起並加以注釋後，「四書」的地位愈益顯赫，為「四書」作注和研讀「四書」的著作越來越多。真德秀的《四書集編》，祝洙的《四書附錄》，陳櫟的《四書發明》，胡炳文的《四書通》，倪士毅的《四書輯釋》，胡廣等的《四書大全》，王夫之的《四書訓義》、《讀四書大全說》，陸隴其的《四書講義困免錄》，閻若璩的《四書釋地》等即是注釋和研究「四書」的代表性著作，構成宋以後儒學發展史的重要環節和內容。

一、關於《大學》、《中庸》的作者和版本

關於《大學》的作者，歷來說法不一，有人認為是「孔氏之遺書」，有人以為是曾子所作，有人以為是「七十子後學」所作，甚至還有人認為是漢儒董仲舒所作，可謂眾說紛紜，莫衷一是。朱熹將《大學》分為「經」和「傳」兩部分，認為「經」是曾參記述孔子的話，係曾子所作，曾子為孔門弟子，獨得孔教之宗，「傳」是曾參門人記述曾參的話。清代陳確曾著《大學辨》，認為《大學》決非秦以前儒者所作。近代一些學者認為是思孟學派的著作，也有一些學者認為是荀況後學的手筆。我們認為《大學》的作者為秦漢時期的儒家，它決非出自一人之手，而是多人的共同成果。

《大學》作為《禮記》的組成部分，本質上與《禮記》的作者相類似。《漢書・藝文志》曾經著錄了一批佚名的儒家學者撰寫的禮學論文，其中禮類有《記》百三十一篇，《明堂陰陽》三十三篇，《王史氏》二十一篇，《曲臺后蒼》九篇，《中庸說》二篇。漢宣帝時戴德、戴聖依據這批禮學論文編了兩個選本。戴德的選本稱為《大戴禮記》，原為八十五篇，現存四十篇；戴聖的選本稱為《小戴禮記》，仍為四十九篇，其中〈曲禮〉、〈檀弓〉、〈雜記〉篇分上下，實只四十六篇。《禮記》各篇的作者究竟是誰？學術界有很多說法。班固在《記》百三十一篇和《王史氏》二十一篇下自注云：「七十子後學者」。顏師古引劉向《別錄》云：「六國時人也」。朱彝尊《經義考》卷一百三十九引李清臣說：「自秦焚書之後，學者不得完經，亡者已亡，而存者大抵皆雜亂，已不可全信。漢之儒者，各守所見，務以自名其家，亦非有聖人之言，而託之於聖人。……五經獨《禮》、《樂》尤為秦之所惡，絕滅幾盡。今之《禮》經，蓋漢儒鳩集諸儒之說，博取累世之殘文，而後世立之於學官。夏、商、周、秦之事，無所不統。」根據上述說法，我們可以推定，《禮記》的作者決非一人，而是出自多人之手，著作時代從戰國延續至漢初，而以漢初儒者的作品比例最大。戰國時期，儒家學說分為八個學派，有所謂子張之儒、子思之儒、顏氏之儒、孟氏之儒、漆雕氏之儒、仲良氏之儒、孫氏之儒、樂正氏之儒等。漢初儒家從不同的傳授系統出發，在自己的作品中發揮儒家先師學說，或者采綴先師遺文，是非常自然的事情。例如，《大戴禮記》的〈哀公問五藝〉、〈禮三本〉、〈勸學〉和《小戴禮記》的〈三年問〉同於《荀子》，《小戴禮記》的〈王制〉開頭所講的「分田制祿」一段同於《孟子》。如果細加考訂辨認，便可在《禮記》各篇中找出孔子、曾參、子由、子思、公孫尼子等人的有關論述及其影響。但是，整體上看，《禮記》的思想體系是立足於秦漢之際，特別是漢初的歷史條件，而對先秦儒學的綜合總結，其中尤以對思孟學派和荀子學派的思想總結為最。

就《大學》而言，也是如此。勞思光先生從先秦儒家之「學」的兩種觀念的深入考察入手得出結論，認為《大學》是對先秦孟學和荀學思想的全面總結。在勞思光先生看來，先秦儒家之「學」的觀念原有二種：孟子重內在自覺之擴充，荀子重外在師法之範鑄，正與兩種價值觀念或兩種心性論相應。如以先秦之二種「學」觀念為模型以評定《大學》之理論立場，則吾人可說：《大學》為一揉合先秦孟荀二說之著作。勞思光先生的這一說法是頗有道理的。

《大學》的主旨，在於建立一種倫理化的政治哲學，說明倫理道德決定政治生活，它的基本思想就是後來宋儒所概括的「三綱領」、「八條目」。《大學》指出：「自天子以至於庶人，壹是皆以脩身為本。」《大學》的這一思想，可以追溯到孔子。孔子說：「苟正其身矣，於從政乎何有？不能正其身，如正人何？」（《論語．子路》）孟子進一步發揮說：「人有恆言，皆曰天下國家。天下之本在國，國之本在家，家之本在身。」（《孟子．離婁上》）「君子之守，修其身而天下平。」（《孟子．盡心下》）把治平天下的基礎歸結為統治者自身的修身。荀子專門寫了一篇題為〈修身〉的文章，並且論證了修身是治國的根本。他說：「請問為國？曰：聞修身，未嘗聞為國也。君者儀也，民者景也；儀正而景正。君者槃也，民者水也。槃圓而水圓。」（《荀子・君道》）《大學》把先秦儒家關於修身養性的一些思想進行系統的總結，強調政治的管理取決於統治者自身的道德修養，在很大程度上發展了儒家的政治哲學和政治倫理。另有一些學者考證，《大學》之名稱本於《荀子》。《荀子・大略》講到教育問題時說：「立大學，設庠序，修六禮，明七教，所以道之也。」以大學高於庠序。可見，《大學》是荀子以後的儒家所作，繼承並發展了孔子以來特別是思孟學派和荀子學派的政治倫理思想。

《中庸》的作者究竟是誰？人們也有一些不同的看法。司馬遷在《史記・孔子世家》中說：「子思……嘗困於宋……作《中庸》。」鄭玄在《目錄》中也說：「《中庸》者……孔子之孫子思伋作之，以昭明聖祖之德。」朱熹在〈中庸章句序〉中談到：「中庸何為而作也？子思子憂道學之失其傳而作也。」子思鑒乎當時「去聖遠而異端起」的學術情勢，擔心儒家道統「愈久而愈失其真也，於是推本堯舜以來相傳之意，質以平日所聞父師之言，更互演繹，作為此書，以昭後之學者。蓋其憂之也深，故其言之也切；其慮之也遠，故其說之也詳。其曰天命率性，則道心之謂也；其曰擇善固執，則精一之謂也；其曰君子時中，則執中之謂也。世之相後，千有餘年，而其言之不異，如合符節，歷選前聖之書，所以提挈綱維，開示蘊奧，未有若是其明且盡者也。自是而又再傳以得孟氏，為能推明是書，以承先聖之統。」清人崔述以「《中庸》獨探頤索隱」、「《中庸》之文獨繁而晦」斷言「《中庸》必非子思所作」。馮友蘭在《中國哲學史新編》中指出：就《中庸》的思想而言，確實接近孟軻的思想，但《中庸》所反映的社會情況，有些明顯地是秦朝統一以後的景象。《中庸》所論命、性、誠、明諸點，也都比孟軻所講的更為詳細，似乎是對孟軻思想的發揮。我們認為，今本《中庸》並非子思本人所作，而是思孟學派及其後人所作。其理由一是《中庸》所使用的許多術語、概念、命題，甚至包括一些論點大都來源於《孟子》。如「仁者人也，親親為大。義者宜也，尊賢為大」，源於《孟子》的仁義之說；又如《中庸》「誠者天之道」一段文字，同《孟子》本文一樣。二是《中庸》中有「今天下，車同軌，書同文，行同倫，雖有其位，苟無其德，不敢作禮樂焉」的文字，明顯反映的是秦始皇統一中國以後的情況。再如《中庸》中「愚而好自用，賤而好自專，生乎今之世，反古之道，如此者，災及其身者也」的話語，顯然反映了秦漢之際各家思想相互交流吸收的學術情況，說明儒家發展到秦漢之際已接納了法家關於革故鼎新的思想。據此，我們可以說《中庸》並不是子思所作，而是思孟學派及其後人所作，其內容比較多地反映並發揮了《孟子》的思想。

但是也不能簡單地說《中庸》的各種論點均出自思孟一派儒者。其實，《中庸》也受到《荀子》的影響，吸收了《荀子》的某些思想和觀點，如對「慎獨」和「修身」的論述。雖然從歷史上考察，思孟學派在前，荀子學派在後，但自荀子學派產生後，孟、荀兩派在理論上是互有吸收和影響的，尤其是秦漢之際的儒家。《漢書・藝文志》於〈諸子略〉儒家著錄《子思》二十三篇，又於〈六藝略〉禮類著錄《中庸說》二篇。可能《子思》中有《中庸》一篇，但《禮記》中的《中庸》顯然是禮類中的《中庸說》。今本《中庸》很可能是禮類中的《中庸說》，出於後來儒家之手。它可能發揮了《子思》中的《中庸》的思想，但絕對不是一個人的著作，也不是一個時期的著作。

《大學》最初只是《禮記》中的一篇文章。雖然清朝毛奇齡的《大學證文》曾言《大學》在漢唐時代出過單行本，但據學者們考證，漢唐時代並未有《大學》的單行本。《大學》單行本的出現是在宋代。據王應麟《玉海》的記載，北宋時仁宗皇帝賜給進士王辰拱《大學篇》一軸，可視為最初的《大學》單本。此後，《大學》的單行本開始流傳開來。同時，為《大學》作注解的本子也日漸增多。司馬光、二程兄弟、喻樗等人均對《大學》作過注疏。

朱熹在言及《大學》的版本時指出，自孟子之後，由於學術傳播中斷，雖然其書存在，但舊本和各種改本有許多脫簡和錯簡之處，不夠精密和完善。直到北宋時，河南二程「兩夫子出，而有以接乎孟氏之傳，實始尊信此篇而表章之」，「次其簡編，發其歸趣」，然後「粲然復明於世」。朱熹在二程的基礎上，重新編定章次，並做了一定修改和補充，撰成《大學章句》。朱熹在〈記大學後〉一文中說：《大學》「簡編散脫，傳文頗失其次，子程子蓋嘗正之」。朱熹又因二程遺說，「復定此本」，其中有些章依據程本，有些章依據舊本，有些章既不從程，也不從舊，而是根據自己的理解加以裁定。特別是格物致知章是朱熹自己補寫的，不是《大學》原文。朱熹有言：「傳之五章，蓋釋格物致知之義，而今亡矣。閒嘗竊取程子之意以補之。」這段「補傳」共一百三十四字，是程朱理學格物致知論的精髓，是朱熹依照自己的見解撰寫，補進《大學》的，而朱熹卻說是依據程子之意補寫的。朱熹這種遷改古書的做法，在古籍整理上是不足取的，但後世的許多學者認為，《大學》經他這麼一改，系統性確實更強更全面了。朱熹指出：《大學》「傳之一章釋明明德，二章釋新民，三章釋止於至善，以上並從程本，而增《詩》云『瞻彼淇澳』以下。四章釋本末，五章釋格物致知，並今本。六章釋誠意，七章釋正心脩身，八章釋脩身齊家，九章釋齊家治國，十章釋治國平天下，並從舊本。」朱熹對《大學》各篇重新分段後，認為最前面的一段是「經」，是曾子根據孔子之意所記述的，後面的十段是解釋經文的「傳」，以闡明「經」的意義，是由曾子的弟子依據曾子之意所記述的。朱熹以為這樣重新修定了章句，就「序次有倫，義理通貫，似得其真」了。朱熹的這一改動，被後人稱之為《改本大學》，與原始的《古本大學》在內容和次序上頗有不同，但由於朱熹的《四書集注》在宋以後被確定為科舉取士的權威版本，所以後人也多以此為權威，廣為研讀。

歷史上，《大學》的版本自宋以後不斷增多。除程顥、程頤的《改本大學》，朱熹的《大學章句》外，明代王陽明試圖在程朱理學以外另闢蹊徑，又擡出《古本大學》來以與程朱理學的《改本大學》相抗衡。清人毛奇齡撰《大學正文》，考《大學》傳本，以為有注疏本（即古本），程顥改本，程頤改本，朱熹改本，王柏改本，季本改本，高攀龍改本，葛寅亮改本等。此外，還有又豐坊依託的魏正始石經本、漢熹平石經本等。歷代主要注釋本有元代金履祥《大學疏義》（《四庫全書》本），明代蔡悉《大學注》（《四庫全書》本）等。《大學》一書版本之多，種類各異，在中國古代經籍裡亦不多見。而研究《大學》的著作尤其繁多。正是這些種類各異的《大學》版本和研究性著作，使《大學》在中國獲得了家喻戶曉的傳播程度。

《中庸》的版本，也比較多。早在漢代，《大學》尚未被人重視，《中庸》則已有單獨傳本。《漢書・藝文志》中已有《中庸說》二篇的記載，後又有戴顒的《中庸說》，梁武帝的《中庸講疏》等。宋代時二程、朱熹對《中庸》作了重新釐定和修正，朱熹撰有《中庸章句》，使《中庸》和《大學》、《論語》、《孟子》合為「四書」。在〈中庸章句序〉中，朱熹談到，《中庸》至孟子以後「遂失其傳焉」。之後「異端之說，日新月盛，以至於老佛之徒出，則彌近理而大亂真矣。」幸好北宋時河南程氏兄弟出，對《中庸》作了系統的考訂，他們「得有所考，以續夫千載不傳之緒；得有所據，以斥夫二家似是之非。蓋子思之功，於是為大，而微程夫子，則亦莫能因其語而得其心也。」朱熹自己自幼年起即開始誦讀《中庸》，並產生了不少的疑問，後來更是「沉潛反復」，恍然似有所得，於是「會眾說而折其中，既為定著章句一篇，以竢後之君子。」朱熹還撰有《中庸或問》。宋代黎立武撰有《中庸分章》、《中庸指歸》，真德秀撰有《中庸集編》，元代景星撰有《中庸集說啟蒙》，詹道傳撰有《中庸纂箋》，胡炳文撰有《中庸通》，張存中撰有《中庸章句或問通證》，明代胡廣編有《中庸章句大全》和《中庸或問》，宋大勺撰有《中庸說要》，夏良勝撰有《中庸衍義》，清代戴震撰有《中庸補注》，程智撰有《中庸旨說》，張士保撰有《中庸晉說》等，近代康有為撰有《中庸注》。這些著作，再加上歷代的《四書》注釋，使《中庸》獲得了廣泛的傳播。

二、《大學》對先秦儒家倫理思想的總結

《大學》一書，被視為儒家倫理政治哲學的最好表述和對先秦儒家倫理思想的深刻總結。而無論是對儒家倫理政治哲學的最好表述，還是對先秦儒家倫理思想的深刻總結都體現在內聖外王學說的建立上。孔子最先提出「修己以敬，修己以安人，修己以安百姓」的思想，初步奠定了儒家內聖外王的理論基調。而後，孟子側重發展了「盡心、知性」等內聖方面的思想，荀子側重發展了隆禮貴義的外王方面，至《大學》則以孔子思想為基礎，綜合孟荀兩家思想，著重闡述了個人道德修養與社會治亂的關係，提出了內聖外王的理論，以「明明德」、「親民」、「止於至善」為修養的目標（亦稱三綱領），又提出實現天下大治的八個步驟（亦稱八條目），即格物、致知、正心、誠意、修身、齊家、治國、平天下，其中前四個步驟被視為內聖之學，後四個步驟被視為外王之學。「三綱領」、「八條目」的有機統一，構成《大學》的基本內容。

(一)三綱領

《大學》開篇即提出了有名的「三綱領」：大學之道，在明明德，在親民，在止於至善。所謂「明明德」，孔穎達疏曰：「在於章明己之光明之德」，意即發揚光大天所賦予人的

善性。《大學》在進一步解釋「明明德」時，又引述了《尚書・康誥》「克明德」和《尚書・帝典》「克明俊德」的話。對此，朱熹《大學章句》解釋道：「天之所以與我，而我之所以為德者也。」

所謂「親民」，《大學》中解釋是：「湯之〈盤銘〉曰：『苟日新，日日新，又日新。』〈康誥〉曰：『作新民。』《詩》曰：『周雖舊邦，其命維新。』」皆講「新」。宋儒二程說：「親，當作新。」朱熹在《大學章句》裡也把「親民」解作「新民」，指出：「新者，革其舊之謂也，言既自明其明德，又當推以及人，使之亦有以去其舊染之污也。」這就是說，不僅自己要達到對「明德」的認識與把握，還要推以及人，使別人也同樣達到對明德的認識與把握，以便在「明德」的指導下，革故鼎新，改造和提升人自身。

所謂「止於至善」，《大學》中解釋是：「為人君，止於仁；為人臣，止於敬；為人子，止於孝；為人父，止於慈；與國人交，止於信。」又說：「道盛德至善，民之不能忘也。」「止於至善」即達到至善的道德境界，此乃《大學》所提出的最高綱領。朱熹《大學章句》解釋說：「止者，必至於是而不遷之意。至善，則事理當然之極也。言明明德、新民，皆當止於至善之地，而不遷。」朱熹的解釋是確當的。

《大學》不僅提出了「三綱領」的理論，而且還主張正確認識「三綱領」之間的關係，並認為「知所先後，則近道矣」。朱熹《大學章句》說：「明德為本，新民為末。知止為始，能得為終。本始所先，末終所後。」主張把「明明德」放在最根本的位置上。《大學》在「明明德」的基礎上又設定了「新民」的價值要求，同時還高懸了一個止於至善的終極目標，真正把「明明德」與「新民」有機地統一起來，充分體現了儒家道德理想主義的本質特徵。

(二)八條目

「八條目」是《大學》為實現「三綱領」所設計的具體步驟。所謂「八條目」是指格物、致知、誠意、正心、修身、齊家、治國、平天下。《大學》把這八個步驟看成是互相聯繫、逐次遞進的完整過程。指出：「古之欲明明德於天下者，先治其國；欲治其國者，先齊其家；欲齊其家者，先脩其身；欲脩其身者，先正其心；欲正其心者，先誠其意；欲誠其意者，先致其知；致知在格物。物格而后知至；知至而后意誠；意誠而后心正；心正而后身脩；身脩而后家齊；家齊而后國治；國治而后天下平。」此一程序的起點和初始手段為格物致知，終點和最後目標為平天下。格物致知屬修身範圍內的事，故此程序大致可概括為，以修身為根本手段，以平天下為最終目標。修身相當於「明明德」，平天下相當於「止於至善」。或者說，「齊家」、「治國」、「平天下」是「止於至善」的最高價值目標的具體化，「格物」、「致知」、「正心」、「誠意」講的是「修身」的方法。「八條目」以「修身」為界，連接「內聖」與「外王」，並在修身基礎上實現內聖與外王的統一。故此，《大學》特別強調：「自天子以至於庶人，壹是皆以脩身為本。」修身是內聖與外王的契合點。重視修身是《大學》的基本特點，也是先秦儒家自孔子以來的一貫主張。孔子強調修己以敬，修己以安人，修己以安百姓。孟子說：「天下之本在國，國之本在家，家之本在身。」（《孟子・離婁上》）荀子著有〈修身〉篇，專門討論個人修身與國家存亡的關係。《大學》繼承了先秦儒家重視修身的傳統，並對此作了創造性的發展，把個人的修身視為達到至善的根本保證，突出了個體道德的主體性原則。

如何修身？《大學》指出：「欲脩其身者，先正其心。」人心常常不能自然而正，每每受到情欲的干擾而傾斜。「身有所忿懥，則不得其正；有所恐懼，則不得其正；有所好樂，則不得其正；有所憂患，則不得其正。」不正則無望修身，故必須有以正之。「心不在焉：視而不見，聽而不聞，食而不知其味。此謂脩身在正其心。」正心指的是道德主體要擺脫各種不利的干擾、影響，堅定自己的意志，端正自己的心向。

如何正心？《大學》指出：「欲正其心者，先誠其意。」只有誠意才能矯治無心和情欲干擾之弊，使心得其正。「所謂誠其意者，毋自欺也。如惡惡臭，如好好色，此之謂自謙。故君子必慎其獨也！」所謂誠意就是對道德修養真心實意，而不是自欺欺人。有如惡惡臭、好好色那樣完全發自真情實意，無半點虛情假意。有了真心實意才能在獨有己知而無人覺察之處，照樣謹持道德之行，做到慎獨。《大學》的「誠意」是從孟子的「思誠」發展演化而來，並與修身、慎獨相貫通，更加凸現了主體道德意志的作用。

如何誠意？《大學》指出：「欲誠其意者，先致其知；致知在格物。」關於致知、格物，朱熹《大學章句》有云：「致，推極也。知，猶識也。推極吾之知識，欲其所知無不盡也。

格，至也。物，猶事也。窮至事物之理，欲其極處無不到也。」欲達誠意必須推極其知識，窮究事物之理，即極大程度地提高認識，把握事物的規律，認識道德的必然性。立足於必然性，去掉僥倖心理，方有道德修養之誠意。朱熹認為《大學》講「格物」、「致知」有其闕文，便特意為之作了補傳：「所謂致知在格物者，言欲致吾之知，在即物而窮其理也。蓋人心之靈莫不有知，而天下之物莫不有理，惟於理有未窮，故其知有不盡也。是以《大學》始教，必使學者即凡天下之物，莫不因其已知之理而益窮之，以求至乎其極。至於用力之久，而一旦豁然貫通焉，則眾物之表裡精粗無不到，而吾心之全體大用無不明矣。此謂物格，此謂知之至也。」朱熹以窮盡天理來解釋「格物」、「致知」，偏離了《大學》原有的方向。《大學》中的「物」不是指客觀自然界所存在的事物或現象，鄭玄以「事」訓「物」，此事指的是人事。「格物」是指在人事上下工夫，致知是指求得人事的知識，首先是如何做人的知識。為了獲得做人的知識，必須深入地體察和踐行人倫物理。

格物、致知、誠意、正心，講的都是修身的方法，本質上屬於內聖的問題。《大學》不僅提出了內聖的價值要求，而且提出了外王的價值目標，要求在修身的基礎上實現齊家、治國、平天下。關於修身與齊家的關係，《大學》認為齊家以修身為根本。「所謂齊其家在脩其身者，人之其所親愛而辟焉，之其所賤惡而辟焉，之其所畏敬而辟焉，之其所哀矜而辟焉，之其所敖惰而辟焉。故好而知其惡，惡而知其美者，天下鮮矣！故諺有之曰：『人莫知其子之惡，莫知其苗之碩。』此謂身不脩，不可以齊其家。」一般人待人往往偏於一面，而不能作出正確的對待。所謂修身就是要避免待人中的偏向性，做到一視同仁，正確對待。這樣才能齊其家。關於修身的方法，《大學》提出：「如切如磋者，道學也；如琢如磨者，自修也。」「如切如磋，如琢如磨」出自《詩經・衛風・淇澳》，《大學》用來比喻人自身的道德修養，切磋學問，磨練自身，成為後人重要的修養方法。「身脩而后家齊。」個人能修身有德，則家可教而齊，使父子兄弟各宜其所當為，達到父慈子孝、兄友弟恭、夫義婦順。《大學》中所講的家，已不是指卿、大夫的「私家」，而是指一般意義上的個體家庭。這是春秋戰國以來的大變化，以家庭為單位的個體封建經濟基礎已經形成，因而齊家成為穩定封建制度的根本。

關於「齊家」與「治國」的關係，《大學》視家為國之根本，明確主張「所謂治國必先齊其家者，其家不可教，而能教人者，無之。故君子不出家而成教於國：孝者，所以事君也；弟者，所以事長也，慈者，所以使眾也」，「一家仁，一國興仁；一家讓，一國興讓。」家是國的基礎，國是家的擴大。中國封建社會國與家的關係是十分密切、水乳交融的，人們常常把國家稱之為大家，把家庭稱之為小家，總是家邦並提。一個人在家孝父敬兄，出外就會尊君事長。儒家的宗法倫理與政治倫理是互為表裡的，「齊家」與「治國」的關係，即是把宗法倫理擴展到政治倫理，在宗法倫理的基礎上建構起政治倫理的大廈。「治國」要以「齊家」為基礎，政治要以倫理為基礎，儒家講的政治就是倫理政治。由家及國，忠孝一致，是《大學》的基本思維方式，也是整個先秦儒學的基本思維方式。

關於「治國」與「平天下」的關係，《大學》認為「治國」是「平天下」之本，統治階級自身的道德修養在「平天下」過程中起著十分關鍵的作用。「所謂平天下在治其國者，上老老而民興孝；上長長而民興弟；上恤孤而民不倍。是以君子有絜矩之道也。所惡於上，毋以使下；所惡於下，毋以事上；所惡於前，毋以先後；所惡於後，毋以從前；所惡於右，毋以交於左；所惡於左，毋以交於右：此之謂絜矩之道。」「平天下」還是講的推己及人之道，在上者能遵守宗法倫理，在下者興孝悌之道，就可以平天下。這就是說，統治者本人的德行對於人民來說具有上行下效的示範作用。「絜矩之道」即是以矩度方和度量事物的法則，絜指度量，矩指法度，合起來指用一定的法度來度量人事，含有將心比心、推己及人的意思，本質上是對孔子忠恕之道的發展，是用以處理君臣上下左右關係的原則和方法。體現在處理君民關係上，就是「民之所好好之，民之所惡惡之，此之謂民之父母」。《大學》認為：「君子有諸己而后求諸人，無諸己而后非諸人。所藏乎身不恕，而能喻諸人者，未之有也。」將心比心，推己及人符合道德的要求，也出於人的本性。統治階級只有按照「絜矩之道」行為才能獲得人民的擁護，使天下歸於太平。

總之，「八條目」是一個有著先後順序的系列。其中，「修身」是中心環節，「修身」之前的四個條目是講個人道德修養的過程和方法，「修身」以後的三個條目是講以德治國的步驟，修身是連接前四個環節和後三個環節的紐帶，也是齊家、治國、平天下的根本。

㈢三綱領、八條目之間的關係

《大學》不僅提出了「三綱領」、「八條目」的問題，而且認為「三綱領」、「八條目」之間有著一種本末、終始、先後的關係。它們之間的關係並不是平列或完全對等的關係，而是有本有末、有終有始、有先有後的關係。這即是說它們中有的處於主導和支配的地位，有的則處於從屬和次要的地位。因此，判定「三綱領」、「八條目」中何者處於主導和支配的地位，就成了把握《大學》本義的一個關鍵性的問題，宋明時代的新儒家圍繞著這一問題展開了一系列的學術論爭，形成了兩派不同的看法和觀點。一派以宋代的朱熹為代表，認為「格物」最重要。朱熹指出：「知讀《大學》，甚善。大抵其說雖多，多是為學之題目次第，緊要是格物兩字。」(〈答朱子繹書〉，《朱文公文集》卷五十四) 另一派以明代的王陽明為代表，認為「誠意」最重要。王陽明指出：「《大學》之要，誠意而已矣。」(〈大學古本序〉，《王文成公全書》卷七)。實際上，朱熹和王陽明在理解《大學》本義上的分歧只是表現了理學和心學的分歧，他們關於《大學》中何者最為重要的論述是大可商榷的。

這裡，我們從《大學》原文對本末的論述來討論「三綱領」、「八條目」之間的關係。《大學》「經文」章有「自天子以至於庶人，壹是皆以脩身為本。其本亂而末治者否矣。其所厚者薄，而其所薄者厚，未之有也！」釋「格物致知」章有「此謂知本，此謂知之至也」的斷語，釋「本末」章有「子曰：『聽訟，吾猶人也。必也使無訟乎！』無情者不得盡其辭，大畏民志，此謂知本。」的論述，釋「治國平天下」章有「是故君子先慎乎德。有德此有人，有人此有土，有土此有財，有財此有用。德者，本也；財者，末也。外本內末，爭民施奪。是故財聚則民散，財散則民聚」的分析，這些斷語、論述和分析比較好地揭示了在「三綱領」、「八條目」之間何者最為重要的問題。從修身的方法和目的的關係方面說，修身是本，格物、致知、誠意、正心是末，齊家、治國、平天下也是末。這種本末關係是不能倒置的。人如果明白這個道理，就叫做知本。為什麼說修身是本，而格物、致知、誠意、正心是末呢？因為修身包含了格物、致知、誠意、正心，而格物、致知、誠意、正心只是修身的方法，應該從屬於修身這一目的。如果離開了修身這一目的，格物、致知、誠意、正心就會產生偏向而失去意義。為什麼齊家、治國、平天下對於修身來說也是末呢？這是因為實現儒家「明明德於天下」政治理想的根本是修身，離開了修身，則家難齊，國難治，天下難平。正己才能正人，所以說修身是根本。很顯然，這是儒家一貫主張的德治思想，《大學》的貢獻在於把這種德治思想提煉為公式，編制了一套邏輯程式或進路，並指出了其中存在著一種本末關係。《大學》所言及的本末關係不僅在「八條目」內部之間展開，而且也涉及道德與刑罰、道德與財貨等的關係。在《大學》的作者看來，就道德與刑罰的關係而言，道德為本，刑罰為末。並建議統治階級不要在罪惡造成以後才用刑罰去治標，而要在罪惡尚未發生之前即用道德去治本。為了對人民施行德教，統治階級必須講求道德修養，以身作則。〈緇衣〉說：「好賢如〈緇衣〉，惡惡如〈巷伯〉，則爵不瀆而民作願，刑不試而民咸服。」很顯然，這也是儒家一貫主張的德治思想。德治以修身為基礎和前提，修身是德治的根本內容。「無情者不得盡其辭，大畏民志」，是把修身運用於政治生活所取得的功效。如果明白這一道理，也叫做知本。就道德與財貨的關係來看，《大學》認為，道德為本，財貨為末。因此，統治階級不能過分貪婪聚斂，以致人民失去最低限度的生活資料而鋌而走險，應該輕徭薄賦，減輕對人民的剝削和掠奪，以爭取人民的親附。只有有道德才可以有人，才可以有土，才可以有財、有用。反之，將會受到人民的反對而失去一切。

「仁者以財發身，不仁者以身發財。未有上好仁，而下不好義者也；未有好義，其事不終者也；未有府庫財，非其財者也。」「國不以利為利，以義為利」。所以應該對人民施行仁政。仁政的出發點在於修身。只有「先慎乎德」，使自己的思想行為「止於至善」，才能做到「親民」和「明明德於天下」。把道德當作根本，把財貨當作末用，認為統治階級重視道德必然凝聚民心，重視貨利必然導致民心渙散，這是繼承了孟子的觀點。在義利觀上，《大學》堅持先秦儒家的基本原則，公開地提出「不以利為利，以義為利」的命題，繼承並發展了儒家的道義論傳統。

《大學》在對先秦儒學進行總結的基礎上，提出了以「三綱領」、「八條目」為主要內容的「內聖外王」理論，建立了一個以修身為根本、以治國平天下為最終目的、以認識把握人倫物理為邏輯起點的思想體系，體現了將倫理學與認識論、政治學結合起來的思維特質，極大地豐富和發展了先秦儒家的倫理學說，在中國儒學發展史上占有著十分重要的地位。

三、《中庸》對先秦儒學倫理思想的發展

《中庸》旨在闡發孔子的「中庸」思想，但它所涉及的內容，已超出孔子「中庸之道」的範圍和層面。實際上，《中庸》是從孔子的倫理思想出發，綜合了孟子、荀子的倫理思想，從哲學倫理學的高度對先秦儒家倫理思想進行了系統的總結。

㈠天命、人性與道德

《中庸》開宗明義即指出：「天命之謂性，率性之謂道，脩道之謂教。」將「性」、「道」、「教」三個基本概念呈現於讀者面前。這三句話可謂《中庸》的總綱。

「天命之謂性」，是說人性是天所賦予，生而具有的，人性來自於上天的旨意。所謂天命是指自然規律和自然規律所賦予人們的行為法則，因其具有先於人的主觀意志和行為的性質，故謂之天命。《中庸》認為，自然規律所賦予人們的行為法則即是人性。諸如人的自然性（物質欲望、感性需求）、社會性（行為規範）皆為天命所賦予人性的內容。「天命之謂性」強調了人性的先天性和天對人性的制約作用，涉及到的是人性的來源問題，並未涉及到人性的善惡問題。但從下一句「率性之謂道」來看，《中庸》又承認人具有先天的善性。

「率性之謂道」，意即循性而行就是道，其性一定是善的。人性中本來有自然欲望和道

義追求兩個方面，但《中庸》重點強調道義，並試圖通過道與性命的聯繫，說明道義並非聖人強加於人者，而是有其內在於人類本身的客觀根據的，正如孟子所說：「仁義禮智非由外鑠我也，我固有之也。」但《中庸》又強調後天的教化，「脩道之謂教」，即修明道德即是教化，這又接近荀子的思想，說明《中庸》以孟子思想為主，也吸取荀子思想，來闡發孔子的倫理哲學。

在《中庸》看來，僅僅停留在「率性」上，依靠人性的自發性，還是不夠的。同時必須發揮人的主觀能動性，自覺、積極地進行道德修養。為此，《中庸》又提出了「修道」的要求。「道」與率性相關，但「道」又高於性，因為「道」是對性的總結、抽象和概括，表現為一種理論形態。人通過「修道」的努力，達到對「道」的準確體認與把握，才會正確運用於「率性」上，從而正確運用於指導人們的思想與行動上。何謂修道？鄭玄注：「修，治也」，治即修飾整治之意。故所謂修道即對做人的道理進行正確的闡述，使之明確化和規範化，用以指導人們的思想和行動。為何要規範化？先秦儒家認為，人的性情有許多個性差異，如不加以適當節制，完全放任自流，則彼此之間會發生衝突或流於極端，而不利於完滿人生的實現。這就必須採取一個適中的標準，以統一人們的思想和行動。

《中庸》認為，道既然是天命和人性之必然與人生之當然，那麼人們就一時一刻也不能違背它。「道也者，不可須臾離也，可離非道也。」人們實行道義不是為了個人的避患或趨利，而是為了「事天」，即為貫徹最高的道德必然性而盡義務，為了「踐形」，即實踐人的形體所要求於人的東西，否則便不配這個人形，為了通過不斷集義培養浩然之氣以達到天人合一的最高人格，實現「可以贊天地之化育」、「可以與天地參」的人生價值。正是因為「道」無時無刻不在，所以「修道」必須從日常人倫和實際生活做起，以便在庸言庸行中得以提升，達到一種崇高的道德境界。《中庸》反覆強調：「道不遠人。人之為道而遠人，不可以為道。」「君子之道，辟如行遠，必自邇；辟如登高，必自卑。」修道要從當前和具體著手，特別要注意在個人獨處的情況下加強自身的修養，謹小慎微，躬行踐履，拳拳服膺，為此《中庸》提出了「慎獨」的觀念和要求，指出：「是故君子戒慎乎其所不睹，恐懼乎其所不聞。莫見乎隱，莫顯乎微。故君子慎其獨也。」個人獨處，四周無人，也不說任何壞話和做任何壞事，的確是需要很高的道德自覺性的。慎獨要求人們在無人監督、獨自一人在場時也能按道德原則行為，把力行道德視作自己內在而神聖的義務，要求人們勿以善小而不為，勿以惡小而為之，而要學得在自己面前比在別人面前更知羞恥。

(二)中庸之道

孔子首倡「中庸」，但在《論語》中僅見一處，且無直接的解釋。而在《中庸》裡，不僅明確了「中庸」的基本含義，即於兩端（過與不及）取其中，不偏不倚，既不過，也不不及，而且還賦予「中和」的新義，鄭玄《目錄》指出：「名曰《中庸》者，以其記中和之為用也。」提示了《中庸》論「中庸」的特色。

《中庸》認為，中庸即是符合天命人性之德的中正態度和做法，它最一般的含義即是「執其兩端而用其中」。朱熹解釋說：「蓋凡物皆有兩端，如小大厚薄之類，於善之中又執其兩端，而量度以取中，然後用之，則其擇之審而行之至矣。」可見，中庸之道強調在過與不及之間保持適度和中道，以免流於過與不及兩種極端。《中庸》指出：「子曰：『道之不行也，我知之矣。知者過之，愚者不及也；道之不明也，我知之矣。賢者過之，不肖者不及也。人莫不飲食也，鮮能知味也。』」意思是說：愚、不肖者往往違道而行，言不及義，所以不及於正道；賢、知者雖能追求德行，但往往由於不知度而失之太過。正如孔子所謂「好知不好學，其弊也蕩；好信不好學，其弊也賊；好直不好學，其弊也絞；好勇不好學，其弊也亂；好剛不好學，其弊也狂。」（《論語・陽貨》）同時，賢、知者也有拘泥於常道太過，而不知變通的缺失。只有修道到家的聖人才能真正做到中庸之道。

中庸之道的基本特徵是「中和」。《中庸》說：「中也者，天下之大本也；和也者，天下之達道也。致中和，天地位焉，萬物育焉。」性之中是天下萬理（主要是人倫道理）紛陳之本，情之和是天下萬事暢通之路。因此，中正的態度與和諧的情感既是知「道」的表現，又是修道進德治理天下根本的、普遍的原則。有了這種態度和情感，就會逐漸達到天人合一的精神境界，同時會產生極大的效應，使天地生養萬物的固有作用得以正常實現，萬物都會得到養育。怎樣才算、如何達到中正的態度與和諧的感情？《中庸》指出：「喜怒哀樂之未發，謂之中；發而皆中節，謂之和。」這就是說，尚未顯示喜怒哀樂之用的人性之理本身即是中正，依理合度而發生的喜怒哀樂之情即是和諧。當人們接觸事物時，沒有先入為主的喜怒哀樂情緒的干擾，純粹依靠理智和良知去體察事物，這就是切合事理和人性的中正態度。由於對是非善惡的明察，勢必流露出喜怒哀樂之情，但如果喜怒哀樂之情不受個人私心和成見的驅使，而是合乎道理，恰如其分，這就達到了情感與理智的和諧。

中庸之道既平易近人，用途廣泛，又高明偉大，精微妙美。《中庸》指出：「君子之道，費而隱。夫婦之愚，可以與知焉；及其至也，雖聖人亦有所不知焉。夫婦之不肖，可以能行焉；及其至也，雖聖人亦有所不能焉。天地之大也，人猶有所憾。故君子語大，天下莫能載焉；語小，天下莫能破焉。《詩》云：『鳶飛戾天，魚躍于淵。』言其上下察也。君子之道，造端乎夫婦；及其至也，察乎天地。」中庸之道從人際關係的最小單元夫婦開始，而遍布一切，一般人皆可知可行，不可須臾離開，千萬不能以為高遠難知而畏縮不前，甚至自暴自棄。這是就中庸之道的平實簡易而言。另一方面，中庸之道也有它高明俊偉的地方，如深究精研，便可發現它包羅天下大理和天下萬物，即便是聖人也有所不能知不能行的地方，所以千萬不能以為它簡易平常就輕視冷落之，不求深造，應深刻地體悟中庸之道所包含的內在機理和高明俊偉之處，並加以持久不懈地身體力行。《中庸》認為：要自覺把握中庸之道並熟練地應用它，並非一般人所能做到的。孔子說：「中庸其至矣乎！民鮮能久矣！」

《中庸》反覆強調「中庸」的這種既平實簡易又高明俊偉的特性，並認為只有君子才能做到中庸，小人只會違背中庸。「君子中庸，小人反中庸」。中庸之道即中正不偏、經常可行之道。此道既合於天命人性，故又為堅持中正、立足於必然之道。中的反面是「過」與「不及」的片面性，庸的反面性是立足於偶然性。「君子之中庸也，君子而時中。小人之（反）中庸也，小人而無忌憚也。」「時中」，即隨時處中，遵循人倫道德。「無忌憚」，就是不遵守人倫道德。而產生這兩種對「道」的根本對立的態度，正在乎是否「擇乎中庸」。《中庸》認為，「擇乎中庸，得一善，則拳拳服膺，而弗失之矣。」就是說，掌握了中庸之道，使性情處於「中和」境界就能堅守善道而不喪失。反之，如果違反了中庸之道，那就必然會使自己的思想、行為離開人倫道德而陷入邪惡。

(三)誠明合一

誠明合一是《中庸》的一個基本思想。《中庸》論「誠」，與孟子如出一轍，但相比之下，《中庸》顯得更為詳盡、豐富和深刻。「誠」是《中庸》裡的一個重要範疇，它借助於「誠之者」或「明」的概念而獲得自身的表現。《中庸》認為，「誠」與「明」相對而言，可互為因果，所以有「自誠明」和「自明誠」的說法。所謂「自誠明」，是由誠而明善，是天賦的本性，只有聖人才能達到；所謂「自明誠」，是由「明乎善」而達到誠，這是對常人而言的，只有通過後天的教育感化才能實現。這二者同時又是可以統一的，《中庸》提出「誠則明矣，明則誠矣」的誠明合一思想。

《中庸》指出：「誠者，天之道也；誠之者，人之道也。」這一說法與《孟子・離婁上》

的話基本相同。從字面來看，似乎「誠者」是客觀的規律，而「誠之者」（孟子言「思誠者」）則是人對「誠者」的反映。但從精神實質處深究，根據「天命之謂性，率性之謂道」的觀點，所謂「誠者」即「性之德也」，是本性所固有的一種先天的道德意識，因而又稱之為「天之道」。這種道德意識在聖人那裡，是「不勉而中，不思而得」的。它是明善的本能，「自誠明，謂之性」。《中庸》認為，由誠而明善，這是天性。可見，「誠」實際上是指先天的道德自覺性，是本性自我認識的天賦能力。所以說，「唯天下至誠，為能盡其性。」而在一般人那裡，「誠」雖然是人之本性所固有的，但必須借助「明乎善」的行為而獲得，這叫做「自明誠，謂之教」。《中庸》認為「誠」的境界是由後天學問思辨而達到的，所以說：「誠之者，人之道也」，「誠之者，擇善而固執之者也」。《中庸》極其重視常人的理性自覺，即通過選擇善德而從之，以及後天的道德學問，而達到理性自覺的實現。如果說，「自誠明」是聖人境界，《中庸》稱之謂「尊德性」，那麼「自明誠」則是賢人境界，《中庸》稱之謂「道問學」。這是達到「誠」即道德自覺極境的兩條途徑。《中庸》提出「尊德性」與「道問學」是對孟子與荀子兩種修養方法的概括與總結，對後世有重大影響。宋明理學分為強調「道問學」的程朱學派和「尊德性」的陸王學派，其思想淵源莫不與《中庸》相關。

《中庸》對「至誠」的功能和作用作了充分的肯定，認為達到至誠境界，不僅能夠使人們進德修業，而且也能完成致太平、育萬物、參天地的功業。「唯天下至誠，為能盡其性；能盡其性，則能盡人之性；能盡人之性，則能盡物之性；能盡物之性，則可以贊天地之化育；

可以贊天地之化育，則可以與天地參矣。」這是孟子所謂「盡心、知心、知天」和「反身而誠」而達到「萬物皆備於我」的另一種表達。「天命之謂性」，通過「至誠」而盡性，最後回到天而達到天人合一的境界，體現了《中庸》思想體系的基本特點。

《中庸》還對「誠」作為本性自我認識的天賦本能作了誇大性的渲染，認為至誠不但能知性、盡性，而且還能前知。指出：「至誠之道，可以前知。國家將興，必有禎祥；國家將亡，必有妖孽。見乎蓍龜，動乎四體。禍福將至，善，必先知之；不善，必先知之。故至誠如神。」至誠可以預知未來的事。國家將要興旺，必然有吉祥的徵兆；國家將要衰亡，必然有不祥的反常現象。呈現在蓍草龜甲上，表現在手腳動作上。禍福將要來臨時，是福可以預先知道，是禍也可以預先知道。所以至誠就像神靈一樣微妙。《中庸》把孟子帶有神秘主義色彩的「誠」引向了神學，從而開創了漢儒把儒家倫理神學化的端緒。

《中庸》提出「合外內之道」的思想，認為「誠者，非自成己而已也，所以成物也。成己，仁也；成物，知也。性之德也，合外內之道也，故時措之宜也。」「合外內之道」後來人們習慣地稱之為「合內外之道」，揭示的是由內到外，由成己到成物的道德修養的過程，是講成己與成物的結合。這種思想發展了先秦儒家內聖外王的觀點，具有一定的積極意義。

(四)三達德和五達道

《中庸》在道德原則和規範上提出了三達德和五達道的觀點，將知仁勇視為達於性命之道與中和之德的三達德，並將其視為處理人我己群關係的基本道德準則；將君臣、父子、夫婦、昆弟、朋友視為天下五種基本的道德關係。《中庸》說：「天下之達道五，所以行之者三。曰：君臣也，父子也，夫婦也，昆弟也，朋友之交也。五者，天下之達道也。知、仁、勇三者，天下之達德也。所以行之者一也。或生而知之，或學而知之，或困而知之；及其知之一也。或安而行之，或利而行之，或勉強而行之；及其成功一也。子曰：『好學近乎知，力行近乎仁，知恥近乎勇。知斯三者，則知所以脩身；知所以脩身，則知所以治人；知所以治人，則知所以治天下國家矣。』」仁者出於仁心，能心安理得地行道而無所企求；智者明白事理，雖不及仁者自然行道的氣象，但也能為求利避害而行道；勇者一旦覺悟，便能勉力自強而行道。雖然此三者的思想境界不同，但堅持下去最後都會獲得成功則是一致的。知仁勇三者是相互關聯的。大知如舜，能執兩用中，必能兼隱惡揚善之仁勇。仁如顏回，必能兼「擇乎中庸，得一善，則拳拳服膺，而弗失之」之知勇。大勇亦必為兼有仁知的德義之勇。《中庸》盛讚大勇的德義操守說：「故君子和而不流，強哉矯！中立而不倚，強哉矯！國有道，不變塞焉，強哉矯！國無道，至死不變，強哉矯！」「君子依乎中庸，遯世不見知而不悔。」在《中庸》看來，三達德是可以培養的，好學近乎知，力行近乎仁，知恥近乎勇。

五達道即君臣、父子等五種社會關係中所通行的五種普遍原則，本質上是對孟子所提出的五倫關係的繼承和發展。《中庸》引孔子的話說：「君子之道四，丘未能一焉：所求乎子，以事父，未能也；所求乎臣，以事君，未能也；所求乎弟，以事兄，未能也；所求乎朋友，先施之，未能也。庸德之行，庸言之謹，有所不足，不敢不勉；有餘不敢盡。言顧行，行顧言，君子胡不慥慥爾！」君子的道有四項，我孔丘連其中的一項也沒有能夠做到：作為一個兒子應該對父親做到的，我沒有能夠做到；作為一個臣民應該對君王做到的，我沒有能夠做到；作為一個弟弟應該對哥哥做到的，我沒有能夠做到；作為一個朋友應該先做到的，我沒有能夠做到。平常的德行努力實踐，平常的言談儘管謹慎。德行的實踐有不足的地方，不敢不勉勵自己努力，言談卻不敢放肆而無所顧忌。說話符合自己的行為，行為符合自己說過的話，這樣的君子怎麼會不忠厚誠實呢？《中庸》認為，能夠推行五達道的莫過於知仁勇三達德，能夠貫徹三達德的莫過於修身之誠，這是任何時候都一樣的，所以「行之者一也」。

《中庸》繼承了孟子對仁義禮知（智）四德的論述，並以四德的組合藉以表現完美的人格和聖人的風範，指出：「唯天下至聖，為能聰明睿智，足以有臨也；寬裕溫柔，足以有容也；發強剛毅，足以有執也；齊莊中正，足以有敬也；文理密察，足以有別也。」只有天下最崇高的聖人，能夠做到耳聰目明，具有智慧，足以居高臨下，治理天下；胸懷寬廣，態度溫和，足以容納外物，實行仁道；奮發勇敢，剛強堅毅，足以選擇決斷，實行義理；嚴肅莊重，適中正直，足以認真恭敬，實行禮儀；精通學術禮樂，周密明察，足以辨別是非，顯示智慧。全面廣博，深沉充實，適時發散出來。全面廣博，就像遼闊的天空；深沉充實，就像深深的水潭。他的表現，民眾沒有誰不恭敬；他的言語，民眾沒有誰不信任；他的行為，民眾沒有誰不心悅誠服。同時，《中庸》還引孔子答哀公問政的話，來闡述其對四德排列順序和根本點的理解。「故為政在人，取人以身，脩身以道，脩道以仁。仁者，人也，親親為大。義者，宜也，尊賢為大。親親之殺，尊賢之等，禮所生也。在下位不獲乎上，民不可得而治矣。故君子，不可以不脩身。思脩身，不可以不事親；思事親，不可以不知人；思知人，不可以不知天。」《中庸》在四德的排列順序方面，堅持把仁德排在第一位，並認為仁是人的根本屬性，體現了人對人的根本態度。其次為義。義是在仁的原則指導下，處理各種關係和行為使其各得其宜的要求。禮是仁的態度和義的要求在落實到不同的人際關係時所形成的種種不同的規範和做法，如親親尊賢皆有差等。知是瞭解人的本性和人際關係的差別，以正確貫徹仁、義、禮，分別是非可否的能力，以及瞭解人性和道德之最高根據——天命的能力。在四德各自的根本點方面，《中庸》強調仁的「親親為大」，義的「尊賢為大」，禮的「親親之殺，尊賢之等」和知的「知人」、「知天」。《中庸》認為，仁的基本精神是愛人，根本生長點是親親，尤其是孝。《中庸》很重視孝，用相當長的篇幅描寫孝德，並稱頌舜為大孝，武王、周公為達孝（天下公認的孝）。《中庸》認為，孝的大節應該表現在事業有成上：「夫孝者，善繼人之志，善述人之事者也。」同時又高度讚揚孝的作用說：「明乎郊社之禮、禘嘗之義，治國其如示諸掌乎！」禘，天子宗廟之大祭，追祭太祖之所自出於太廟，而以太祖配之也。嘗，秋祭也。四時皆祭，舉其一耳。敬祖祭宗，慎終追遠，是孝德的重要表現形式。孝是仁德的根本生長點，孝於天地和祖先而不忘其本，可使人們的道德淳厚而易於治理。《中庸》謂義以「尊賢為大」，把孟子「義之實，從兄是也」的觀點發展為國君的任賢使能，含有使義德從宗法家族倫理上升為國家政治倫理的意蘊。禮是宗法家族倫理和國家政治倫理的集中表現，其基本要求是「親親」和「尊賢」。所謂知，即智、智慧，是指為貫徹仁義禮諸德所要求的「知人」、「知天」的智慧。《中庸》認為，仁義禮知是一個有機聯繫的整體，它們相輔相成，相互作用，共同架構起儒家倫理的精神大廈。

《中庸》還提出了治理天下國家的九條倫理原則：「凡為天下國家有九經，曰：脩身也，尊賢也，親親也，敬大臣也，體群臣也，子庶民也，來百工也，柔遠人也，懷諸侯也。脩身則道立，尊賢則不惑，親親則諸父昆弟不怨，敬大臣則不眩，體群臣則士之報禮重，子庶民則百姓勸，來百工則財用足，柔遠人則四方歸之，懷諸侯則天下畏之。齊明盛服，非禮不動，所以脩身也；去讒遠色，賤貨而貴德，所以勸賢也；尊其位，重其祿，同其好惡，所以勸親親也；官盛任使，所以勸大臣也；忠信重祿，所以勸士也；時使薄斂，所以勸百姓也；日省月試，既稟稱事，所以勸百工也；送往迎來，嘉善而矜不能，所以柔遠人也；繼絕世，舉廢國，治亂持危，朝聘以時，厚往而薄來，所以懷諸侯也。凡為天下國家有九經，所以行之者一也。」《中庸》對修身、尊賢、親親、敬大臣、體群臣、子庶民、來百工、柔遠人、懷諸侯這九條原則的作用作了深刻的闡述，認為修養自身就能確立正道；尊崇賢人就不會思想困惑；親愛親族就不會惹得叔伯兄弟怨恨；敬重大臣就不會遇事無措；體恤群臣，士人們就會竭力報效；愛民如子，老百姓就會忠心耿耿；招納工匠，財物就會充足；優待遠客，四方百姓就會歸順；安撫諸侯，天下的人都會敬畏了。那麼，如何遵循這九條原則呢？《中庸》指出，像齋戒那樣淨心虔誠，穿著莊重整齊的服裝，不符合禮儀的事堅決不做，這是修養自身的表現；驅除小人，疏遠女色，看輕財物而重視德行，這是尊崇賢人的表現；尊重父母雙親，使他們能夠安享晚年，保持與他們愛憎相一致的情感，這是親愛親族的表現；讓眾多的官員供大臣們使用，充分發揮他們的積極性和主動性，這是敬重大臣的表現；真心誠意地任用群臣，並給他們以較多的俸祿，這是為了體恤群臣；使用民役不誤農時，少收賦稅，這是為了愛民如子；經常視察考核，按勞付酬，這是為了招納工匠；來時歡迎、去時歡送，嘉獎有才能的人，救濟有困難的人，這是為了優待遠客；延續絕後的家族，復興滅亡的國家，治理禍亂，扶持危難，按時接受朝見，贈送豐厚，納貢菲薄，這是為了安撫諸侯。總而言之，治理天下和國家有九條原則，但實行這些原則的道理都是一樣的，那就是一個「誠」字，即誠身。是故《中庸》十分注意對「誠」的理論發揮。

此外，《中庸》還闡發了儒家自強不息、剛健有為的精神，在這一點上，與《易傳》不謀而合。但比較而言，《易傳》立乎其大，從天道入手，《中庸》則注重日常生活，要求從庸言庸行中提升人本身，反映了《中庸》在道德上的小大結合和平易性。

四、《大學》、《中庸》二書的歷史地位

《大學》、《中庸》二書本是《禮記》中的兩篇文章。由於所討論的問題十分重要，故受

到後世許多學者的推崇。特別是在唐宋以後，它們與《論語》、《孟子》並稱為「四書」，其地位愈益凸顯。唐代權德輿主持明經考試，其策問中道：「《大學》有明德之道，《中庸》有盡性之術。闕里宏教，微言在茲。」（《全唐文》卷四八三）所謂「闕里宏教，微言在茲」，等於說這兩部著作乃是全部儒學的理論核心。

韓愈的〈原道〉，援引《大學》「明明德」以及正心誠意、治國平天下的論述，說明這才是真正的儒者之道。朱熹認為：「子程子曰：『《大學》，孔氏之遺書，而初學入德之門也。』於今可見古人為學次第者，獨賴此篇之存，而《論》、《孟》次之。學者必由是而學焉，則庶乎其不差矣。」朱熹撰《大學或問》、《大學章句》，對《大學》給以很高評價，認為「《大學》之書，古之大學所以教人之法也。……教之以窮理、正心、修己、治人之道……外有以極其規模之大，而內有以盡其節目之詳者也。」真德秀是朱熹之後的重要儒者，對於確立朱學在儒學中的正宗地位發揮了重要作用。他在〈大學衍義序〉中寫道：「臣始讀《大學》一書，見其自格物致知、正心誠意、修身齊家至於治國平天下，其本末有序，其先後有倫。蓋嘗撫卷三歎曰，為人君者不可以不知《大學》，為人臣者不可以不知《大學》。為人君而不知《大學》，無以清出治之源；為人臣而不知《大學》，無以盡正君之法。既又考觀帝王之治，未有不本諸身而達之天下者。然後知此書所稱，實百聖傳心之要典，而非孔氏之私言也。」《大學衍義》是對《大學》真義的論述與發揮，該書旁徵博引，對《大學》一書的思想價值作了深刻的闡釋與界說。明代時范祖幹拜見朱元璋，說治天下只要用一部《大學》就夠了。宋濂見朱元璋，說帝王之學最重要的就是《大學衍義》，於是朱元璋命人把《大學衍義》寫在宮殿兩廡的牆上。王陽明的全部學問，從知行合一到致良知，其核心是如何理解《大學》中的格物致知。丘濬在《大學衍義補》序言中說，《大學》一書是「儒者全體大用之學」，它是千秋萬代都不變的為政、為教、為學的綱領。「蓋六經之總要，萬事之大典，二帝三王以來，傳心經世之遺法也，孔子承帝王之傳，以開百世儒教之宗，其所以立教垂世之道，為文二百有五言，凡夫上下古今百千萬年，所以為學、為教、為治之道，皆不外乎是。」也就是說，《大學》一書，概括了儒家經典中的全部精華，治國、修身，有了這一部書就完全可以了。如果說宋儒把「四書」推到了「五經」之上，那麼明儒又把《大學》推到了其他三書之上。此後，重視《大學》的言論更是不絕如縷。近代孫中山也對《大學》這本書給予了高度的評價，他說：「中國有一段最有系統的政治哲學，在外國的大政治家還沒有見到，還沒有說到那種清楚的，就是《大學》中所說的格物致知、誠意正心、修身齊家、治國平天下那一段話。把一個人從內發展到外，由一個人的內部做起，推到平天下止。像這樣精微開展的理論，無論外國什麼哲學家都沒有見到，沒有說出，這就是我們政治哲學中獨有的寶貝，是應該要保存的。」（《孫中山選集》第六五三頁）孫中山的這一觀點，在近代史上頗有影響。

關於《中庸》的學術地位，唐代中後期以後也受到人們的高度關注與認同。歐陽詹著有〈自明誠論〉，專門讚頌《中庸》的明誠思想。韓愈參加省試，著〈顏子不貳過論〉，認為聖人是「抱誠明之正性，根《中庸》之正德」。並援引《中庸》關於明誠的論述，把顏回視為

「擇乎中庸，得一善而拳拳服膺而不失」的賢者。李翺推崇《中庸》，他在〈復性書〉中引用《中庸》的思想，並作了比較好的發揮。北宋時二程特別重視《大學》與《中庸》的價值，認為《中庸》「乃孔門傳授心法，子思恐其久而差也，故筆之於書，以授孟子。其書始言一理，中散為萬事，末復合為一理。放之則彌六合，卷之則退藏於密，其味無窮，皆實學也。善讀者玩索而有得焉，則終身用之，有不能盡者矣。」（見朱熹《四書集注》）二程認為，《中庸》的基本內容講的是「理」，世間萬事萬物都包攝在「理」中，六合的廣大，道心的精微無不體現在「理」中。二程還把《中庸》看成是「孔門傳授心法」，亦即韓愈所說「道統」的承傳。朱熹對此，有毫不諱飾的表述：「《中庸》何為而作也？子思子憂道學之失其傳而作也。」朱熹不僅打出「道統」的旗號，而且公開打出「道學」的旗號，還提出孔子在「道統」中的地位是「繼往聖，開來學」，「其功賢於堯舜」。朱熹把《尚書》裡的「人心惟危，道心惟微，惟精惟一，允執厥中」奉為《中庸》所闡述的「傳授心法」，並依據這十六字來闡發《中庸》的「綱維」、「蘊奧」，認為《中庸》在「提挈綱維，開示蘊奧」方面超越了「前聖之書」。朱熹還在談到讀四書的次序時論及《中庸》的地位，他說：「讀書須以《大學》為先，次《論語》、次《孟子》、次《中庸》。《中庸》工夫密，規模大。」（《朱子語類》卷一四）又說：「某要人先讀《大學》，以定其規模。次讀《論語》，以立其根本。次讀《孟子》，以觀其發越。次讀《中庸》，以求古人之微妙處。《大學》一篇，有等級次第，總作一處易曉，宜先看。《論語》卻實，但言語散見，初看亦難。《孟子》有感激興發人心處。《中庸》亦難讀，看三書後，方宜讀之。」（《朱子語類》卷一四）元代景星在《中庸集說啟蒙》一書中比較了《大學》和《中庸》，指出：「《中庸》《大學》皆成片文字，首尾具備，然規模卻不同。《大學》是言學，《中庸》是言道。《大學》綱目相維，經傳明整，猶可考究。《中庸》贊道之極，有就天道言者，有就聖人言者，有就學者言者，廣大精微，開合變化，高下巨細，無所不該，讀者尤不易也。」近代康有為也對《中庸》作了注釋，附於《孟子微》一書之後，在近代中國學術界產生了深遠的影響。現代一些學者認為，《中庸》有如高山上的一棵古松，它象徵儒家登上形上學高峰的初步創作。《中庸》在孔孟原有的思想基礎上「致廣大而盡精微」，建立了一套以天命人性為旨趣，以中和之道為核心，以修身養性為重點的新的思想體系，完成了孔子晚年渴望完成然而尚未完成的天道論或宇宙論體系的建構，使儒家哲學思想有了一本體論和形上學的基礎，從而使儒家思想哲理深蘊，慧命長存。《中庸》一書不僅是儒家「六經之淵源」，而且對於老佛思想、宋明理學乃至當代的西方哲學思潮而言，也是或多或少地有所彌補、針砭、貫通或調和之功用的。（參閱譚宇權著：《中庸哲學研究》，文津出版社一九八五年版；陳滿銘著：《中庸思想研究》，文津出版社一九八九年版。）

《大學》與《中庸》在儒學中地位的確立，是由於朱熹將其從《禮記》中抽出來，與《論語》、《孟子》合編為「四書」並為之作注。朱熹編著《四書章句集注》，從而使「四書」的地位超過了「五經」（即《易經》、《詩經》、《尚書》、《禮記》、《春秋》）。朱熹認為，要懂得儒家義理，應該是先讀四書，再讀五經，他說：「河南程夫子之教人，必先使之用力乎《大學》、《論語》、《中庸》、《孟子》之書，然後及乎六經。蓋其難易遠近、大小之序，固如此而不可亂也。」(〈書臨漳所刊四子後〉)又說：「讀書，且從易解易曉處去讀。如《大學》、《中庸》、《語》、《孟》四書，道理粲然。人只是不去看。若理會得此四書，何書不可讀！何理不可究！何事不可處！」(《朱子語類》卷一四)特別是在元仁宗時，欽命制定的科舉條格中規定：「明經內四書、五經以程子、朱晦庵注本為主。」(見《通制條格》卷五〈科舉類〉)由此「天下之學皆朱子之書。」「四書」獲得了廣泛流行。

總之，《大學》、《中庸》作為「四書」的重要組成部分，深刻地反映著儒家思想的精神要義，在儒家思想乃至整個中國文化發展史上占有著獨特的地位，它們影響著一代又一代中國人的道德心靈，塑造了一代又一代中國人的精神個性和人格，對中國人的言行具有重要的指導作用。《大學》素被學人視為修道進德的入門讀物，它所提出的內聖外王理論一直激勵著中國的知識份子以修身齊家治國平天下為務，不僅看重自身的「明明德」，而且崇尚「明明德於他人」，要求實現「獨善其身」與「兼善天下」的有機統一。中國歷史上的許多士大夫畢生以踐行《大學》中的價值觀為理想，雖九死其猶未悔，體現了一種富貴不淫、貧賤不移和威武不屈的氣概。同時《大學》的價值觀也造就了許多仁人志士和民族英雄。被視為儒家「六經淵源」的經典名著《中庸》，不僅有著一套「致廣大而盡精微」的踏實工夫，能夠使人通過「自明誠」的修道路徑，激發天賦人性的不竭源泉，使人培養出高尚的人格與博大的胸懷，從而向著聖賢的方向邁進；而且有著「極高明而道中庸」的現實關切，使形上的性命義理落到世俗人生的安身立命上，使人在擔水砍柴、穿衣吃飯的平凡生活中亦能夠體悟到高明的中庸。《大學》、《中庸》作為「四書」中的兩本重要著作在對中國人發生深刻影響的同時對世界文明也有相當的影響。而且隨著中國文化的向外傳播，《大學》、《中庸》傳到了國外，世界各國的學者競相研讀二書，留下了不少的研究心得和著述，對推動他們所在國文明的發展起到了一定的作用。不特如此，《大學》、《中庸》中所提出的許多命題和思想亦深深地感染了一部分對中國文化心懷敬意的外國人，特別是對韓國、日本、東南亞一帶及其他國家的人們立身處世、待人接物和加強自身的修養也產生了不容小視的作用。

大學

【題解】《大學》原本是戴聖所編的《禮記》一書中的第四十二篇。

上古學校教育分為兩個階段即小學和大學階段，小學階段學習六藝即禮、樂、射、御、書、數，以打好基礎；大學階段，則學習修身和從政方面的知識，以在社會生活中立足和謀求發展。朱熹在〈大學章句序〉中指出：三代時興辦各種學校，各地的人們「莫不有學」。「人生八歲，則自王公以下，至於庶人之子弟，皆入小學，而教之以灑掃應對進退之節，禮、樂、射、御、書、數之文；及其十有五年，則自天子之元子眾子，以至公卿大夫元士之適子，與凡民之俊秀，皆入大學，而教之以窮理、正心、修己、治人之道，此又學校之教，大小之節，所以分也。」在朱熹看來，大學不同於小學教育的地方在於它不是一般意義上的知識傳授，而是為人處世之道的教育，「古之大學所以教人之法也。」《大學》一書是古代大學教育的綱領，貫穿著儒家倫理教育的精神和義理，體現著儒家內聖外王的政治理想和濟世情懷。因為它內容上博大精深，所以上可以教帝王，下可以教百姓，無論天子以至於庶人都應該以其作為修身處世的準則，治國平天下的目標。

唐代時，韓愈、李翱把《大學》、《中庸》看作與《易經》、《孟子》同樣重要的經書。宋代二程兄弟祖述這種觀點，把《大學》從《禮記》中抽出來，與《論語》、《孟子》、《中庸》相配合，到朱熹撰《四書章句集注》時，便成了「四書」之一。按朱熹和宋代另一位著名學者程頤的看法，《大學》是孔子及其門徒留下來的遺書，是儒學的入門讀物。所以，朱熹把它列為「四書」之首。

朱熹又認為收在禮記中的《大學》本子有錯亂，便把它重新編排了一番，分為「經」和「傳」兩個部分。其中「經」一章，是孔子的原話，由孔子的學生曾子記錄；「傳」十章，是曾子對「經」的理解和闡述，由曾子的學生記錄。這樣一編排，便有了我們今天所見到的《大學》版本。

《大學》依據先秦儒家的思想，系統地論述了大學的教學內容和目的，提出了「三綱領」、「八條目」的學說，認為「大學之道，在明明德，在親民，在止於至善」，此即是「三綱領」，是《大學》所要達到的教學目的。《大學》認為，人生來就具有高尚的「明德」，入世以後「明德」被掩或未受到人們的關注，所以需要經過「大學之道」的教育，重新發揚明德，革新民心，達到道德完美盡善的境界。「八條目」是《大學》為實現「三綱領」所設計的具體步驟，並把這八個步驟即格物、致知、誠意、正心、修身、齊家、治國、平天下看成是互相聯繫、逐次遞進的完整過程。《大學》指出：「古之欲明明德於天下者，先治其國；欲治其國者，先齊其家；欲齊其家者，先脩其身；欲脩其身者，先正其心；欲正其心者，先誠其意；欲誠其意者，先致其知；致知在格物。物格而后知至；知至而后意誠；意誠而后心正；心正而后身脩；身脩而后家齊；家齊而后國治；國治而后天下平。」在這「八條目」中，「修身」是根本，也是關鍵。如果說格物、致知、誠意、正心屬於修身的方法，那麼齊家、治國、平天下則是修身的目的。

中華文化五千年，博大深邃，源遠流長，而《大學》則是其中璀璨的明珠，許多語句已成為膾炙人口的格言警句，對塑造中華民族的性格和心靈起了非常重大的作用。今天，我們學習它，仍然有其歷史和現實的意義。

這裡，我們以朱熹的《大學章句》為底本，章節也以《大學章句》為依據，並將朱熹章後的提示一併附上，對朱熹補上的一段文辭也做了注釋和翻譯。我們認為，這樣有助於讀者更好地閱讀和把握《大學》的思想，以繼承中國傳統文化的優秀成果。

（子程子❶曰：「《大學》，孔氏❷之遺書，而初學入德之門也。」於今可見古人為學次第者，獨賴此篇之存，而《論》、《孟》次之。學者必由是而學焉，則庶乎其不差矣。）

【注釋】❶子程子　前一個「子」字，意為夫子，引申為老師。後一個「子」字，古代男子的尊稱。程子（西元一〇三三——一一〇七），名頤，字正叔，學者稱伊川先生。曾和兄程顥學於周敦頤，並同為北宋理學的奠基者，世稱「二程」。❷孔氏　孔子（西元前五五一——前四七九），春秋末期著名思想家、教育家，儒家學派的創始人。名丘，字仲尼，魯國（今山東曲阜東南）人。少時貧賤，及長大成人，做過委吏和乘田等事，晚年致力於教育，弟子多達三千。整理詩書，刪修《春秋》，現存《論語》是研究孔子學說的主要材料。

【語　譯】夫子程頤先生說：「《大學》是孔子遺留下來的書，是開始學習的人進入道德的門徑。」如今人們可以發見古人做學問的次序，完全是依賴這篇《大學》的存在，而《論語》、《孟子》則排在《大學》之後。讀書人必須沿著《大學》中的順序去學習，那麼進入道德的門徑就不會有什麼差錯。

「經文」章

大學之道❶，在明明德❷，在親民❸，在止於至善❹。

知止❺而后有定；定而后能靜；靜而后能安；安而后能慮；慮而后能得❻。

物有本末，事有終始。知所先後，則近道矣。

古之欲明明德於天下者，先治其國；欲治其國者，先齊其家❼；欲齊其家者，先脩其身❽；欲脩其身者，先正其心；欲正其心者，先誠其意；欲誠其意者，先致其知❾；致知在格物❿。

物格而后知至；知至而后意誠；意誠而后心正；心正而后身脩；身脩而后家齊；家齊而后國治；國治而后天下平。

自天子以至於庶人⓫，壹是⓬皆以脩身為本⓭。其本亂而末⓮治者否矣。其所厚者薄⑮，而其所薄者厚⑯，未之有也⑰！

（右經一章，蓋孔子之言，而曾子述之。其傳十章，則曾子之意，而門人記之也。舊本頗有錯簡，今因程子所定而更考經文，別為序次。如左。）

【注釋】❶大學之道　大學的原則和宗旨。「大學」一詞在古代有兩種含義：一是「博學」的意思；二是相對於小學而言的「大人之學」。古人八歲入小學，學習「灑掃應對進退、禮樂射御書數」等文化基礎知識和禮節；十五歲入大學，學習倫理、政治、哲學等「窮理正心，修己治人」的學問。所以，後一種含義其實也和前一種含義有相通的地方，同樣有「博學」的意思。「道」的本義是道路，引申為規律、原則等，在中國古代哲學、政治學裡也指宇宙萬物的本原、本體，一定的政治觀或思想體系等，在不同的上下文環境裡有不同的意思。❷明明德　前一個「明」作動詞，有使動的意味，即「使彰明」，也就是發揚、弘揚的意思。後一個「明」作形容詞，「明德」也就是光明正大的品德。儒家認為，人生來具有善良的德性，即明德。後天因為受到物質利益的蒙蔽，個人偏狹氣質的拘束，明德受到壓抑。所以要經過教育，使明德顯露出來。❸親民　根據後面的「傳」文，「親」應為「新」，即革新、棄舊圖新。親民，也就是新民，使人棄舊圖新、去惡從善。❹止於至善　達到至善的境界。至，極。至善，善的最高境界或最高的善。❺知止　能夠知道所當止的目標所在。指前面所提到的「止於至善」。❻得　指有所收穫，得到至善。《孟子・告子上》：「心之官則思，思則得之，不思則不得也。」❼齊其家　管理好自己的家庭或家族，使家庭和家族和和美美，蒸蒸日上，興旺發達。❽脩其身　修養自身的品性。❾致其知　使自己獲得知識。❿格物　認識、研究萬事萬物。⓫庶人　指平民百姓。⓬壹是　都是。⓭本　根本。⓮末　相對於本而言，指枝末、枝節。⓯厚者薄　該重視的不重視。⓰薄者厚　不該重視的卻加以重視。⓱未之有也　即未有之也。沒有這樣的道理（事情、做法等）。

【語　譯】大學的宗旨在於弘揚光明正大的品德，在於用這種品德去使人自新，在於使人達到最完善的境界。

知道應該達到的境界才能夠志向堅定；志向堅定才能夠鎮靜不躁；鎮靜不躁才能夠心安理得；心安理得才能夠思慮周詳；思慮周詳才能夠有所收穫。

每樣東西都有根本有枝末，每件事情都有開始有終結。明白了這本末始終的先後順序，就接近大學所追求的道理了。

古代那些要想在天下弘揚光明正大品德的人，首先要治理好自己的國家；要想治理好自己的國家的人，首先要管理好自己的家庭和家族；要想管理好自己的家庭和家族的人，首先要修養自身的品性；要想修養好自身的品性，首先要端正自己的心思；要想端正好自己的心思，首先要使自己的意念真誠；要想使自己的意念真誠，首先要使自己獲得知識；獲得知識的途徑就在於認識、研究萬事萬物的原理。

通過對萬事萬物的認識、研究後才能獲得知識；獲得知識後意念才能真誠；意念真誠後心思才能端正；心思端正後才能修養品性；品性修養後才能管理好家庭和家族；管理好家庭和家族後才能治理好國家；治理好國家後天下才能太平。

上自國家元首，下至平民百姓，人人都要以修養品性為根本。如果這個根本被擾亂了，家庭、家族、國家、天下要治理好是不可能的。不分輕重緩急，本末倒置卻想做好事情，這也同樣是不可能的！

（上面是經一章，大概是孔子的言論，由曾參口述的。十章傳文是曾參的見解，由他的學生記錄下來的。舊的文字多有錯亂顛倒，現在依照程頤的校正，再考證經文，確定分出章節次序如下。）

【研　析】本章是《大學》的總綱，也是《大學》的宗旨。重點闡述論證了儒家「治國平天下」的基本綱領。也就是儒家三綱領八條目的倫理觀念和價值追求。

所謂三綱領，是指明明德、新民、止於至善。它既是《大學》的綱領旨趣，也是儒學「垂世立教」的目標所在。「明德」即光明正大的道德，其內容主要指仁義、孝悌、忠恕等倫理道德觀念。「明明德」就是要求人們發揚這些優秀的倫理道德觀念，使人達到內聖。「親民」即使人們棄舊圖新，要求人們按照儒家的倫理道德規範「滌其舊染之污而自新」，使人人都能去惡從善。「止於至善」是「明明德」與「親民」的完美結合，亦即內聖與外王的合一。所謂八條目，是指格物、致知、誠意、正心、修身、齊家、治國、平天下。它既是為達到「三綱領」而設計的條目工夫，也是儒家為我們所展示的人生進修階梯。

縱覽「四書」、「五經」，我們發現，儒家的全部學說實際上都是循著這三綱領八條目而展開的。所以，抓住這三綱領八條目，也就等於抓住了一把打開儒學大門的鑰匙。循著這進修階梯一步一個腳印，人們就會登堂入室，領略儒學經典的奧義！

就這裡的階梯本身而言，實際上包括「內修」和「外治」兩大方面：前面四級「格物、致知、誠意、正心」是「內修」；後面三級「齊家、治國、平天下」是「外治」。而其中間的「修身」一環，則是連結「內修」和「外治」兩方面的樞紐，它與前面的「內修」項目連在一起，是「獨善其身」；它與後面的「外治」項目連在一起，是「兼善天下」（《孟子・盡心下》）。所以，它實質上已不僅僅是一系列學說性質的進修步驟，而是具有濃厚實踐色彩的人生追求階梯了。「三綱領八條目」鑄造了一代又一代中國知識分子的人格心理，時至今日，仍然在我們身上發揮著潛移默化的作用。不管你是否意識明確，不管你積極還是消極，「格、致、誠、正、修、齊、治、平」的觀念總是或隱或顯地在影響著你的思想，左右著你的行動，使你最終發現自己的人生歷程也不過是在這儒學的進修階梯上或近或遠地展開。

本章強調的「明明德」以及「格物致知」的認識論，目的就是教導人們恢復自己先天具有的道德本性，防止後天的各種感情和欲望的偏弊，旨在喚起人們進行道德修養的自覺性，不斷提升自己的精神境界。「明明德」的擴展必然要求「親民」，使他人也能夠在道德上加強修養，不斷攀越，以實現絕大多數人的完善。個人完善和群體完善的完美結合，即是至高無上的善。

釋「明明德」章

〈康誥〉❶曰：「克明德❷。」〈大甲〉❸曰：「顧諟天之明命❹。」〈帝典〉❺曰：「克明峻德❻。」皆❼自明也。

（右傳之首章，釋「明明德」。）

【注　釋】❶康誥　《尚書・周書》中的一篇。《尚書》又名《書》、《書經》，是上古歷史文獻和追述古代事跡的一些文章的彙編，全書分為〈虞書〉、〈夏書〉、〈商書〉、〈周書〉四部分。漢代以後，儒家學者將其列為「五經」之一，稱為《書經》。❷克明德　〈康誥〉篇原句為：「惟乃丕顯考文王，克明德慎罰。」是讚揚文王的話，說文王能夠發揚明德。克，能夠。❸大甲　「大甲」即「太甲」，《尚書・商書》中的一篇。❹顧諟天之明命　〈太甲〉篇原句為：「伊尹作書曰：『先天顧諟天之明命，以承上下神祇』。」是伊尹告誡太甲的話。伊尹是商朝初年的大臣，曾放逐仲任的侄子太甲，自立為王，後又讓太甲復位。顧，思念。諟，古「是」字。明命，光明的稟性。❺帝典　即〈堯典〉，《尚書・虞書》中的一篇，主要記述堯、舜二帝的事跡。❻克明峻德　〈堯典〉原句為：「曰若稽古，帝堯……克明俊德，以親九族。」峻，與「俊」相通，意為大、崇高等。❼皆　都，指前面所引的幾句話。

【語　譯】〈康誥〉說：「能夠弘揚光明的品德。」〈太甲〉說：「應該念念不忘上天賦予的光明德性。」〈堯典〉說：「能夠弘揚崇高的品德。」這些都是說要自己弘揚光明正大的品德。

（上面是傳文的第一章，解釋「明明德」的。）

【研　析】這是「傳」的第一章，對「經」當中「大學之道，在明明德」一句進行引證發揮，說明弘揚人性中光明正大的品德是從三皇五帝及夏、商、周時代就開始強調了，有書為證，而不是我們今天別出心裁、標新立異的產物。在《大學》作者看來，倫理道德是天所賦予的，人們應當尊重天意，發揚自己固有的明德，使自己成為有高尚道德的人。

中國古代的啟蒙讀物《三字經》曾說：「人之初，性本善；性相近，習相遠；苟不教，性乃遷。」意即人的本性生來都是善良的，只不過因為後天的環境影響和教育才導致了不同的變化，從中生出許多惡的行為。因此，儒家的先賢們強調後天環境和道德教育的作用，認為人們雖然有善良的本性，但假如不對其進行道德教育，個體成員的善良本性就可能發生改變，淪落為不道德的人。《大學》開宗明義，提出「大學」的宗旨就在於弘揚人性中光明正大的品德，使人達到最完善的境界。這是符合儒家一貫的旨意和基本精神的。

以我們今天的眼光來看，「明明德」就是強調道德上的自我完善，發掘、弘揚自己本性中的善根，而摒棄邪惡的誘惑，使人成為有道德的動物。「明明德」肯定了人們先天的道德慧根和後天的脩養努力，強調了後天的脩養努力對弘揚先天的道德慧根的作用和意義。即便是先天道德上有一定的缺陷，只要我們立定於後天的道德努力，我們也能夠彌補先天的不足，使自己成為有道德的人。從這個意義上說，「明明德」仍是我們今天所需要的。當今社會的道德建設要求我們加強自身的道德脩養和社會的道德教育，使自己首先從道德上內聖起來，然後才能對社會的道德建設做出貢獻。

釋「新民」章

湯之〈盤銘〉❶曰：「苟日新❷，日日新，又日新。」〈康誥〉曰：「作新民❸。」《詩》曰：「周雖舊邦，其命維新。」❹是故君子無所不用其極❺。

（右傳之二章，釋「新民」。）

【注　釋】❶湯之盤銘　湯，即成湯，商朝的開國君主，後被儒家稱為古代聖人之一。盤，青銅製的沐浴用的器具。銘，是鏤刻在器皿上用以稱頌功德或刻在器皿上用來警戒自己的箴言。這裡的器皿是指商湯的洗臉盆。❷苟日新　如果一日內洗淨自己身上的污垢。苟，如果。新，這裡的本義是指洗去身體上的污垢，使身體煥然一新，引申義則是指精神上的棄舊圖新。商湯王以沐浴其身去其垢而言以洗滌其心而去其惡。❸作新民　〈康誥〉原句為「己，汝惟小子，乃服惟弘王，應保殷民。亦惟助王宅天命，作新民。」作，鼓之舞之之謂作，引申為振作、激勵。新民，即「經」裡面說的「親民」，實應為「新民」。意思是使民自新，也就是使人棄舊圖新，去惡從善。❹詩曰三句　這裡的《詩》指《詩經》，是中國最早的一部詩歌總集，包括〈風〉、〈雅〉（分〈小雅〉、〈大雅〉）和〈頌〉三部分。此處所引的兩句詩出自《詩經・大雅・文王》，是一首歌頌周文王的詩。周，指周國。自從后稷開國，經歷夏、商兩朝，都是諸侯國。到文王時，國力強大，武王時滅掉商朝，建立周朝。邦，古代諸侯封國之稱。舊邦，舊國，古老的國家。其命，指周朝所秉受的天命。維，此處為繫詞，作「是」解。❺是故君子無所不用其極　所以品德高尚的人無處不追求完善。是故，所以。君子，有時指貴族，有時指品德高尚的人，根據上下文不同的語言環境而有不同的意思。其極，指「至善」。極，頂點。

【語　譯】商朝的君主湯王刻在自己青銅器的洗臉盆上的警辭說：「如果能在一天內洗淨自己身上的污垢，煥然一新，那麼就應當天天清洗，並且每天都不要間斷。」〈康誥〉篇上說：「使民眾振作自新。」《詩經》上說：「周朝雖然是一個古老的諸侯國，但它接受的天命卻是新的。」因此，有道德修養的人總是時時處處用盡心力，以求達到美好完善的最高境界。

（上面是傳文的第二章，解釋「新民」的。）

【研析】本章集中闡述了「作新民」的思想。章中對「新民」思想反覆強調，試圖以儒家的倫理道德觀念來更新、統一人們的思想，並以此為其行動的標準，真正做到「日新其德」。如果說「明明德」還是相對靜態地要求弘揚人性中光明正大的品德的話，那麼，「苟日新，日日新，又日新」就是從動態的角度來強調不斷革新，加強倫理道德觀念的提升。

「苟日新，日日新，又日新」，被刻在商湯王的洗臉盆上，本來是說洗臉的問題：假如今天把一身的污垢洗乾淨了，以後便要天天把污垢洗乾淨，這樣一天一天地下去，每天都要堅持。引申為道德精神上的洗禮和品德上的修煉。精神上的洗禮就是《莊子・知北遊》所說的「澡雪而精神」，《禮記・儒行》所說的「澡身而浴德」。一個人的思想道德如果不加強修養，也會沾染灰塵，產生污點。因此，就像人的身體要不斷地清除污垢一樣，人的思想道德也應該不斷地清除污垢，使其達到純潔無瑕、潔白清澈的地步。儒家特別強調道德上的日新，並有「日新之謂盛德」的說法，認為道德本身也是不斷發展變化的，人們應該在道德上不斷地追求和攀越，永遠不知滿足，自強不息，發憤有為，每天都要有新的進步，新的發展，生命不息，修養不止，這樣就能使自己達於完善的境界，成為真正有道德的人。

釋「止於至善」章

《詩》云：「邦畿千里，惟民所止❶。」《詩》云：「緡蠻黃鳥，止于丘隅❷。」子曰：「於止，知其所止，可以人而不如鳥乎！」

《詩》云：「穆穆文王，於緝熙敬止❸！」為人君，止於仁；為人臣，止於敬；為人子，止於孝；為人父，止於慈；與國人交，止於信。

《詩》❹云：「瞻彼淇澳❺，菉竹猗猗❻。有斐❼君子，如切如磋，如琢如磨。瑟兮僩兮，赫兮喧兮❽。有斐君子，終不可諠❾兮！」如切如磋者，道❿學也；如琢如磨者，自修也；瑟兮僩兮者，恂慄⓫也；赫兮喧兮者，威儀也；有斐君子，終不可諠兮者，道盛德至善，民之不能忘也。

《詩》云：「於戲！前王不忘⓬。」君子賢其賢⓭而親其親，小人樂其樂而利其利，此以⓮沒世⓯不忘也。

（右傳之三章，釋「止於至善」。）

【注釋】❶邦畿千里二句　引自《詩經．商頌．玄鳥》。原是一首祭祀時所唱的歌，也是一首簡短的史詩。

詩中敘述了殷商始祖契誕生的傳說，以及成湯建立王業，武丁中興的功績。這裡引這兩句詩，是想說明，一切事物都應有個著落。邦畿，古代指直屬於天子的疆域。即君王居住的京城及其管轄的周圍地區。千里，方圓千里。止，有至、到、停止、居住、棲息等多種含義，隨上下文而有所區別。在這句裡是居住的意思。❷緡蠻黃鳥二句　引自《詩經・小雅・綿蠻》。緡蠻，即綿蠻，黃鳥的叫聲。止，棲息。丘隅，多樹的土山丘陵。❸穆穆文王二句　引自《詩經・大雅・文王》。穆穆，儀表美好端莊的樣子。文王，周文王，姓姬，名昌。於，表示讚歎的語氣詞，相當於「啊」。緝，繼續。熙，光明。❹詩　這幾句詩引自《詩經・衛風・淇澳》。❺淇澳　淇，指淇水，在今河南北部。澳，水邊彎曲處。❻菉竹猗猗　菉，同「綠」。猗猗，茂盛的樣子。❼斐　有文采的樣子。❽瑟兮僩兮二句　莊重而胸襟開闊的樣子。赫兮喧兮，顯耀盛大的樣子。赫，光明；顯耀。喧，同「烜」。盛大；顯揚。❾諠　《詩經》原文作「諼」，遺忘；忘記。❿道　說、言的意思。⓫恂慄　恐懼；戒懼。⓬於戲二句　引自《詩經・周頌・烈文》。於戲，歎詞，相當於現代漢語的「哎呀」。前王，指周文王、周武王。這裡泛指古代賢王。⓭賢其賢　賢其賢，前一個「賢」字用作動詞，意為尊敬之意。後一個「賢」字用作名詞，指賢明君子。⓮此以　因此。⓯沒世　終身；一輩子。這裡指永遠的意思。

【語　譯】《詩經》上說：「天子管轄的廣大地區，是老百姓居住的地方。」《詩經》又說：「鳴叫著的黃鳥，棲息在那多樹的丘崗。」孔子說：「連黃鳥都知道牠該棲息在什麼地方，難道人還不如一隻鳥嗎？」

《詩經》上說：「品德高尚的文王啊，為人光明磊落，恭恭敬敬地歸止在應該歸止的地方。」做國君的，要做到仁愛；做臣子的，要做到恭敬；做子女的，要做到孝順；做父親的，要做到慈愛；與他人交往，要做到信用。

《詩經》上說：「看那淇水彎彎的岸邊，嫩綠的竹子鬱鬱蔥蔥。有一位文質彬彬的君子，研究學問如加工骨器，不斷切磋；修煉自己如打磨美玉，反覆琢磨。他有著莊重嚴肅的威儀，他有著正大光明的品德。這樣一個文質彬彬的君子，真是令人難忘啊！」詩中所說的「如切如磋」，是指他治學的態度；詩中所說的「如琢如磨」，是指他自我修煉的精神；說他「莊重嚴肅」，是指他內心謹慎而有所戒懼；說他「正大光明」，是指他儀表威嚴；說「這樣一個文質彬彬的君子，可真是令人難忘啊！」是指由於他品德非常高尚，達到了最完善的境界，所以使人難以忘懷。

《詩經》上說：「啊呀，從前周文王、周武王的美德真使人難以忘懷啊！」後世君主推崇前王所推崇的賢德，親愛前王所親愛的人，後世人民享受前王所創造的安樂，獲取他們所遺留下來的利益。雖然前代君王已經去世，但人們還是永遠不會忘記他們的。

（上面是傳文的第三章，解釋「止於至善」的。）

【研　析】 本章重點在於解釋「止於至善」的含義。「止於至善」首先在於「知其所止」，即知道你應該處在什麼地方。鳥兒尚且知道找一個棲息的林子，人怎麼可以不知道自己應該落腳的地方呢？所以，「邦畿千里，惟民所止。」大都市及其郊區自古就是人們嚮往而聚居的地方。

但這還只是身體的「知其所止」，不是經義的所在。經義的所在是精神的「知其所止」。文中所闡述的「仁」、「敬」、「孝」、「慈」、「信」都是「知其所止」的具體化，就是讓人們在日常生活和工作中嚴格按照自己的身分和所處的地位從事活動，即做國君的達到仁愛，做臣子的達到恭敬，做子女的達到孝順，做父親的達到慈愛，與他人交往，達到講信用。不同的身分，不同的人有不同的「所止」，關鍵在於尋找最適合自身的條件，最揚長避短的位置和角色——「知其所止」。這才是最最重要的。「知其所止」，也就是知道自己應該「止」的地方，找準自己的位置。這一點，說起來容易做起來難。天地悠悠，過客匆匆，多少人隨波逐流，終其一生而不知其所止，尤其是當今時代，生活的誘惑太多，要選的機會太多，更給人們帶來了選擇的困惑。進入市場經濟時代後，所謂「下海」的機會與誘惑重重地叩擊著人們的心房，讀書人被推到了生活的十字路口：何去何從？所止何處？使不少人不知道自己該幹什麼了，成了精神的流浪兒，無家可歸。

「知其所止」是「止於至善」的具體化。要達到「至善」的境界，不同的人，不同的身分有不同的努力方向，而殊途同歸，最後要實現的，就是通過「如切如磋，如琢如磨」的研修而達到盛德至善，成為流芳百世的具有完善人格的人。本章歌頌了聖人的人格力量，認為聖人通過自己的修為建樹起了道德上的功業，使君子和小人都身受其惠，無法忘記他們的人品和道德情操。並以此來告誡後世的當政者，應當向前代的聖王學習，不斷地加強自身的道德修養，使其達到完善的境界，以造福天下蒼生。

釋「本末」章

子曰：「聽訟，吾猶人也❶。必也使無訟乎！」無情者不得盡其辭❷，大畏民志❸，此謂知本。

（右傳之四章，釋「本末」。）

【注釋】❶聽訟二句　引自《論語·顏淵》。聽訟，聽訴訟，即審案子。猶人，不異於人，與別人一樣。❷無情者不得盡其辭　使隱瞞真實情況的人不能夠花言巧語。無情，不是真實情況。❸大畏民志　畏，作動詞用，意為讓……敬服。民志，民心；人心。

【語譯】孔子說：「聽訴訟審理案子，我也和別人一樣。我和別人不一樣的地方在於：我力求使訴訟這類事情在事前不發生。」讓隱瞞真實情況的人不敢花言巧語，並且在內心裡十分恐懼，這才叫做懂得了根本。

（上面是傳文的第四章，解釋「本末」的。）

【研析】本章以孔子談論訴訟的話來闡發「物有本末，事有終始」的道理，強調凡事都要抓住根本。審判案件的根本目的是使類似的案子不再發生，這正如「但願世間人無病，何愁架上藥生塵」的道理一樣。審判案件和出售藥品都只是手段，或者說是「末」，使人心畏服不再犯案和增強體質不再生病才是目的，或者說才是「本」。

這裡的問題說到底，是一個道德教化與治理天下的問題。在《大學》作者看來，道德教化是本，治理天下是末。只有加強主體自身的道德建設，使那些原本想隱瞞事實、不講情理的人也在內心深處有所畏懼，不敢把違反道德規範的思想和言論說出來，從而使訴訟的事件不再發生。這才叫做認識了事物的根本。

本末的關係如此，終始的因果也一樣。從哲學命題的角度來看，本末是本質論，終始是發展觀，千古哲學的兩大範疇在《大學》這篇儒學的入門讀物中以輕輕巧巧的八個字對仗而出：「物有本末，事有終始。」再以八個字給有效的解決：「知所先後，則近道矣！」真是語言極度簡潔，蘊含卻無比深刻，顯示出《大學》一書的精湛智慧，不由人不生敬意！

釋「格物致知」章

此謂知本。此謂知之至也❶。

（右傳之五章，蓋釋格物、致知之義，而今亡矣，閒嘗竊取程子之意以補之，曰：「所謂致知在格物者，言欲致吾之知，在即❷物而❸窮其理也。蓋人心之靈莫不有知，而天下之物莫不有理，惟於理有未窮❹，故其知有不盡也。是以《大學》始教，必使學者即凡天下之物，莫不因其已知之理而益❺窮之，以求至乎其極。至於用力之久，而一旦豁然貫通焉，則眾物之表裡精粗無不到，而吾心之全體大用無不明矣。此謂物格，此謂知之至也。」）

【注　釋】❶此謂知本二句　「此謂知本」一句與上文重複，疑是上一章的衍文，程子說：「衍文也。」「此謂知之至也」一句，從語氣上看是結束語，以此推斷，前面必有一段文字，大概在流傳時遺漏了。朱子曰：「此句之上，別有闕文，此特其結語耳。」這闕文，按朱熹的意見，就是釋格物、致知的傳文。所以，朱熹根據上下文關係補充了一段文字，系統發揮了其格物致知的思想。朱熹的〈格物致知章〉，並非《大學》原文，但對於《大學》系統的完整性有一定的幫助。❷即　接近。❸窮　窮究，徹底研究。❹未窮　未窮盡；未徹底。❺益　更加。

【語　譯】這就叫做知道了根本。這就叫做認識達到了它的最高境界。

（上面一段是傳文的第五章，是解釋格物、致知的意義的。然而，「傳」的原文已經失傳了。我閒來曾私自採用程頤先生的觀點把它補足如下：經文所說的致知在格物的意思，是說我們想要做到認識很明確，就必須接觸事物而徹底研究它的原理。一般地說人們的心靈都具有認識能力，而天下萬事萬物也無不包含著各種道理。只不過對於這些道理有的人沒有極力探索，所以他的認識才有些不完全。因此，《大學》一開始就教學習者接觸天下萬事萬物，用自己已有的知識去進一步探究，以徹底認識萬事萬物的道理。經過長期用功，總有一天會豁然貫通，到那時，萬事萬物的裡外巨細都被認識得清清楚楚，而自己內心的一切認識能力都得到淋漓盡致的發揮，再也沒有蔽塞。這就叫對萬事萬物的道理努力探索窮盡，這就叫對事物的認識達到頂點。）

【研　析】本章的兩句話，原在上一章的末尾，朱熹把它抽出來列為「傳之五章」，認為是講「格物致知」的。《大學》中原來對「格物致知」沒有解釋。朱熹根據程頤的觀點在這兩句話之後加了一段「補釋」。在這段「補釋」中，朱熹將《大學》道德意義上的格物致知作了一定的汎化，他把「物」解釋為一般意義上的事物，「格」是探究、窮盡，「致」是推極，「知」是認識。並認為人的心靈無不具有認識的能力，而天下的萬事萬物也無不包含著道理。只要我們發揮自己的認識能力去認識萬事萬物的道理，總有一天會達到豁然貫通的地步，獲得一種真正的知識。

格物致知——通過對萬事萬物的認識、研究而獲得知識，而不是從書本到書本地獲得知識。這種理論很具有實踐的色彩，打破了一般對儒學死啃書本的誤解。「格物致知」在宋代以後成了中國哲學、倫理學中的一個重要範疇。到清朝末年，「格致」（即「格物致知」的省稱）又成了對聲光化電等自然科學部門的統稱。魯迅在〈吶喊自序〉裡說：「在這學堂裡，我才知道在這世上，還有所謂格致、算學、地理、繪圖和體操。」這說明「格物致知」的深刻影響。

事實上，時至今日，當我們說到知識的獲取時，仍離不開「格物致知」這一條途徑。因為，它不是說的「秀才不出門、全知天下事。」而是說的「你要知道梨子的滋味，你就得變革梨子，親口吃一吃。」簡言之，「格物致知」把認識引向萬事萬物，引向實踐，引向「實踐是檢驗真理的唯一標準」和「實踐是認識的唯一源泉。」

當然，朱熹所說的「格物致知」並不是指人們對客觀存在的物質現象的認識和瞭解，而是指人們對倫理道德之理的認識和瞭解，是說對倫理道德現象的學習把握而獲得一種關於倫理道德的知識和智慧。朱熹和陸九淵在道德修養的方法上曾有一場論戰，陸九淵強調發明本心，朱熹強調格物致知，一個主張向內用功，一個主張向外用功，一個重視主體內在的道德直覺，一個重視主體外在的道德認識。我們認為，這兩種觀點，對於人們的道德修養而言，都是所需要的。但同時又是不全面的。全面的道德修養，需要調動人們知情意行各方面的努力，提升人們的道德認識，陶冶人們的道德情感，鍛鑄人們的道德意志，強化人們的道德行為，實現一種知情意行的相互影響和共同進步。

釋「誠意」章

所謂誠其意❶者，毋❷自欺也。如惡惡臭❸，如好好色❹，此之謂自謙❺。故君子必慎其獨❻也！小人閒居❼為不善，無所不至，見君子而后厭然❽，揜❾其不善，而著❿其善。人之視己，如見其肺肝然，則何益矣？此謂誠於中⓫，形於外，故君子必慎其獨也。

曾子曰：「十目所視，十手所指，其嚴乎！」富潤屋⓬，德潤身⓭，心廣體胖⓮。故君子必誠其意。

（右傳之六章，釋「誠意」。）

【注釋】❶誠其意　使意念真誠。誠，使動詞。❷毋　不要。❸惡惡臭　厭惡腐臭的氣味。前一個惡字，意為討厭、厭惡。後一個惡字是形容詞，指不好。惡臭，指污穢的氣味，較現代單指臭味的含義寬泛。❹好好色　喜愛美麗的女子。前一個好字，意為喜好、喜愛。後一個好字，意為美麗的。色，指女色、女子。好色，美女。❺謙　通「慊」。心安理得的樣子。❻慎其獨　在獨自一人時也謹慎不苟。❼閒居　即獨處。❽厭然　躲躲閃閃的樣子或神態。❾揜　同「掩」。遮掩；掩蓋。❿著　顯示；顯明。⓫中　指內心。下面的「外」指外表。⓬潤屋　裝飾房屋。⓭潤身　修養自身。⓮心廣體胖　心胸寬廣，身體舒泰安康。胖，大；舒坦。

【語　譯】所謂使自己的意念真誠是說，不要自己欺騙自己。要像厭惡腐臭的氣味一樣厭惡邪惡，要像喜愛美麗的女人一樣喜愛善良。只有這樣，才能使自己的意念真誠，一切都發自內心。所以，品德高尚的人哪怕是在一個人獨處的時候，也一定要謹慎地進行內心反省。品德低下的人在私下裡無惡不作，一見到品德高尚的人便躲躲閃閃，掩蓋自己所做的壞事，而自吹自擂。殊不知，別人看你自己，就像能看見你的心肺肝臟一樣清楚，掩蓋有什麼用呢？這就叫做內心的真實一定會表現到外表上來。所以，品德高尚的人哪怕是在一個人獨處的時候，也一定要謹慎。

曾子說：「十隻眼睛看著，十隻手指著，這難道不令人畏懼嗎！」財富可以裝飾房屋，品德卻可以修養身心，使人心胸寬廣而身體舒泰安康。所以，品德高尚的人一定要使自己的意念真誠。

（上面是傳文的第六章，解釋「誠意」的。）

【研　析】本章重點在解釋「誠意」。所謂「誠意」就是使自己的意念真誠，思想純正。要做到真誠，最重要，也是最考驗人的一課便是「慎其獨」——在一個人獨處的時候也要謹慎，簡而言之，就是人前人後一個樣。人前真誠，人後坦誠，一切都發自肺腑，發自內心，要時時處處約束自己的言行，既不做任何壞事和說任何壞話，也不過分標榜自己的德行或招搖過市。要像孔子所說的那樣，「非禮勿視，非禮勿聽，非禮勿言，非禮勿動」，真正做到表裡一致，心誠意正。只有這樣才能使自己「心胸寬廣」、「安泰舒適」。

內心意念不真誠，勢必影響到自己的道德人品和人際關係。俗話說：「若要人不知，除非己莫為。」自欺欺人，掩耳盜鈴，總有東窗事發的一天。欺騙騙得了一時，卻騙不了永遠。真誠也許會吃虧於一時，但卻會受益終身。這就是人生和道德生活的基本定理。

須知，金玉滿堂，並不能保得人心情舒暢，身體安康。所以，比裝修房屋（富潤屋）更重要的還是裝修你自己（德潤身），修養身心，做到心寬體胖，而要做到這一切，還得要回到那起始的一點去——君子必誠其意。

真誠做人，立身之本。真誠其意，律己之要。

釋「正心脩身」章

所謂脩身在正其心者，身❶有所忿懥❷，則不得其正❸；有所恐懼，則不得其正；有所好樂，則不得其正；有所憂患，則不得其正。心不在焉：視而不見，聽而不聞，食而不知其味。此謂脩身在正其心。

（右傳之七章，釋「正心脩身」。）

【注　釋】❶身　程頤認為應為「心」。❷忿懥　憤怒。❸不得其正　不能端正。

【語　譯】之所以說修養自身的品性要先端正自己的心思，是因為心有憤怒就不能夠端正；心有恐懼就不能夠端正；心有喜好就不能夠端正；心有憂慮就不能夠端正。心思不端正就像心不在自己身上一樣：雖然在看，卻什麼也沒有看見；雖然在聽，卻什麼也沒有聽見；雖然在吃東西，卻一點也不知道是什麼滋味。所以說，要修養自身的品性必須要先端正自己的心思。

（上面是傳文的第七章，解釋「正心修身」的。）

【研　析】本章集中闡述了「正心修身」的意義和價值。在儒家看來，正心是修身的重要一環。要修身，必得先正其心。所謂正心，就是以儒家倫理道德為標準來純正思想，端正動機，去除私心雜念。任何私心雜念以及用心不專，都會影響自我道德修養的完善。正心是誠意之後的進修階梯。誠意是意念真誠，不自欺欺人。但是，僅僅有誠意還不行。因為，誠意可能被喜怒哀樂愛惡懼等情感支配役使，使人成為情感的奴隸而不能成為情感的主人。所以，在「誠其意」之後，還必須要「正其心」，也就是要以端正的心思（理智）來駕馭感情，進行調節，以保持中正平和的心態，集中精神修養品性。

這裡需要注意的是，理與情，正心和誠意不是絕對對立，互不相容的。朱熹說：喜怒哀樂愛惡懼等都是人心所不可缺少的，但是，一旦我們不能自察，任其左右自己的行為，便會使心思失去端正。所以，正心不是要完全放棄喜怒哀樂愛惡懼等情感，而是說要讓理智來克制、駕馭情感，使心思不被情欲所左右，從而做到理智和情感和諧地統一於一身。正心是修身的基礎和根本。個人的修身就是要用倫理道德來端正自己的心思和動機，做到不符合道德的事不想、不聞、不問，一心一意地按照道德的標準去思去想。正心修身才能達到如同鄭板橋所說的「咬定青山不放鬆，立根原在亂崖中。千磨萬擊還堅勁，任爾東西南北風。」

釋「脩身齊家」章

所謂齊其家在脩其身者，人之❶其所親愛而辟❷焉，之其所賤惡而辟焉，之其所畏敬而辟焉，之其所哀矜❸而辟焉，之其所敖惰❹而辟焉。故好而知其惡，惡而知其美者，天下鮮矣！故諺有之曰：「人莫知其子之惡，莫知其苗之碩❺。」此謂身不脩，不可以齊其家。

（右傳之八章，釋「脩身齊家」。）

【注釋】❶之　即「於」，對於。❷辟　偏頗；偏見。❸哀矜　同情；憐憫。❹敖惰　敖，驕傲。惰，怠慢。❺碩　原意是頭大，引申為大。這裡是茁壯的意思。

【語譯】之所以說管理好自己的家族要先修養好自身的品德，是因為人們對於自己親愛的人會有所偏愛，對於自己厭惡的人會有所偏恨，對於自己敬畏的人會有所偏向，對於自己同情的人會有所偏心，對於自己輕視的人會有所偏見。因此，很少有人能喜愛某人又能看到那人的缺點，厭惡某人又能看到那人的優點。所以有諺語說：「人都不知道自己孩子的缺點錯誤，人都不滿足自己莊稼的茁壯肥碩。」這就是不修養自身的品德就不能管理好本家族的道理。

（上面是傳文的第八章，解釋「修身齊家」的。）

【研　析】本章重點論述了齊家在修身的道理。在《大學》的作者看來，一個人要管理好自己的家族，首要的是修養好自己的品德。這是什麼道理呢？是因為每個人都有自己的偏好和弱點。如果循著這些偏好和弱點去行為，必然導致人際關係的緊張和家族關係的混亂。所以，齊家必須以加強自身的修養為前提。在這裡，修養自身的關鍵是克服感情上的偏私：正己，然後才能正人。己不正，焉能正人！儒學的進修階梯由內向外展開，這裡是中間過渡的環節。在此之前的格物、致知、誠意、正心都在個體自身進行，在此之後的齊家、治國、平天下開始處理人與人之間的關係，從家庭走向社會，從獨善其身轉向兼善天下。當然，其程序仍然是由內逐步向外推擴：首先是與自身密切相關的家庭和家族，然後才依次是國家、天下。

正因為家庭與自身的行為密切相關，所以要管理它首先必須克服感情偏私的問題。如果不排除個人的偏愛、偏私和偏見，就不能管理好自己的家庭，使家庭和諧的發展。家庭不和諧，必然損害每一個人的利益，也會動搖國家治理的基礎。「家和萬事興」是中國人的基本價值觀念和道德信條。而「家和」的根本在於家長能否很好地修身和管理好自己。家長管理好自己的思想和行為是管理好家庭的前提。

釋「齊家治國」章

所謂治國必先齊其家者，其家不可教，而能教人者，無之。故君子不出家而成教於國：孝者，所以事君也；弟❶者，所以事長也；慈❷者，所以使眾也。〈康誥〉曰：「如保赤子❸。」心誠求之，雖不中❹，不遠矣。未有學養子而后嫁者也！

一家仁，一國興仁；一家讓，一國興讓；一人貪戾，一國作亂。其機❺如此。此謂一言僨❻事，一人定國。堯、舜❼帥❽天下以仁，而民從之。桀、紂❾帥天下以暴，而民從之。其所令反其所好，而民不從。是故君子有諸❿己而后求諸人，無諸己而后非諸人。所藏乎身不恕⓫，而能喻⓬諸人者，未之有也。故治國在齊其家。

《詩》云：「桃之夭夭，其葉蓁蓁。之子于歸，宜其家人⓭。」宜其家人，而后可以教國人。《詩》云：「宜兄宜弟⓮。」宜兄宜弟，而后可以教國人。《詩》云：「其儀不忒，正是四國⓯。」其為父子兄弟足法，而后民法之也。此謂治國，在齊其家。

（右傳之九章，釋「齊家治國」。）

【注釋】❶弟　即「悌」，指弟弟應該敬愛、順從哥哥。❷慈　指父母愛子女。也指君王愛平民。❸如保赤子　《尚書‧周書‧康誥》原文作「若保赤子。」這是周成王告誡康叔的話，意思是保護平民百姓如母親養護嬰兒一樣。赤子，初生的嬰孩。孔穎達疏：「子生赤色，故言赤子。」❹中　符合的意思。❺機　本指弩箭上的發動機關，引申指關鍵。❻僨　跌倒，引申為失敗、覆敗。❼堯舜　傳說中父系氏族社會後期部落聯盟的兩位領袖，即堯帝和舜帝，一位是陶唐氏，名放勳，史稱唐堯。一位是有虞氏，名重華，史稱虞舜。堯、舜是古代傳說中聖明仁慈的領袖，歷來被認為是聖君的代表。❽帥　同「率」。率領；統帥。❾桀紂　桀，夏代最後一位君主，名履癸。為人殘暴，荒淫無度，後被商湯所敗。紂，即殷紂王，商代最後一位君主，生性殘酷暴虐，後為周武王所滅。二人歷來被認為是暴君的代表。❿諸　「之於」的合音，有「對於」之意。⓫恕　即恕道。孔子說：「己所不欲，勿施於人。」意思是說，自己不想做的，也不要讓別人去做。這種推己及人，將心比心的品德就是儒學所倡導的恕道。⓬喻　使別人明白。⓭桃之夭夭四句　引自《詩經‧周南‧桃夭》。夭夭，草木鮮嫩、美麗的樣子。詩以桃樹比喻少女。蓁蓁，樹葉潤澤、茂盛的樣子。之子，這個（之）女子。之子于歸，指女子出嫁。⓮宜兄宜弟　引自《詩經‧小雅‧蓼蕭》。〈蓼蕭〉是一首謝恩祝福的詩歌。宜兄宜弟，意為使家族中兄弟之間友愛團結。⓯其儀不忒二句　引自《詩經‧曹風‧鳲鳩》。儀，儀表；儀容。忒，差錯。正是，亦作「是正」。正，正大。引申為表率。

【語譯】之所以說治理國家必須先管理好自己的家庭和家族，是因為不能管教好家人而能管教好別人的人，是沒有的。所以成德的人，在家裡也能把德風教化推廣到全國：對父母的孝順可以用於侍奉君主，對兄長的恭敬可以用於侍奉官長，對子女的慈愛可以用於統治民眾。〈康誥〉篇上說：「保護平民百姓就要像保護初生的嬰兒一樣。」如果誠心誠意去努力保護，雖然不能盡合嬰兒的意願，也不會相差太遠。要知道，沒有先學會了養孩子再出嫁的人啊！

一家實行仁愛，一國也會興起仁愛；一家實行謙讓，一國也會興起謙讓；一人貪婪暴戾，一國就會犯上作亂。其聯繫就是這樣緊密。這就叫做：一句話能讓事情敗壞，一個人能使國家安定。堯舜用仁愛來治理天下，於是民眾就跟著實行仁愛；桀紂用凶暴統治天下，老百姓就跟隨著凶暴。領導者頒布的政令與他本身的愛好相反，老百姓是不會服從的。所以，品德高尚的人總是自己先做到，然後才要求別人做到；自己先不這樣做，然後才要求別人不這樣做。不採取這種推己及人的恕道而想讓別人按自己的意思去做，那是不可能的。所以，要治理國家必須先管理好自己的家庭和家族。

《詩經》上說：「桃花妖嬈如含笑，滿枝葉兒碧又青，這個姑娘出嫁了，合家老少喜盈盈。」只有先使一個家族之人和睦相親，然後才能教化一國的民眾百姓。《詩經》上說：「家族之中情誼融洽，兄弟之間團結友愛。」只有先使一個家族兄弟和睦相處，然後才能教化廣大的國民百姓。《詩經》上說：「國君的容貌舉止莊重嚴肅，才能成為四方各國的表率。」只有當一個人無論是作為父親、兒子，還是兄長、弟弟都值得人效法時，老百姓才會去效法他。這就是要治理國家必須先管理好家庭和家族的道理。

（上面是傳文的第九章，解釋「齊家治國」的。）

【研　析】本章著重論述「齊家」對於「治國」的重要性。所謂「齊家」，就是把自己的家族整頓好，使其父慈子孝、兄友弟恭、夫義婦順，達到一種和睦融洽的目標。只有協調好家族內部的各種關係，才能維護家族內部的安定團結。而協調家庭關係的原則同樣適用於協調國家中君與臣、君臣與人民的關係，即把「孝」推擴為「事君」，把「弟」推擴為「事長」，把「慈」推擴為「使眾」，從而使國家內部各種複雜的政治關係得以協調發展。本章中反覆強調的「宜其家人，而后可以教國人」，正是把「齊家」作為「治國」的基礎，凸出了「忠臣出於孝門」的儒家政治倫理觀點。

在中國傳統文化裡，家國同構是其社會制度的基本特徵。中國人的國家觀念，實質上是國與家的和諧統一，反映著國以家為基，家以國為本。國是家的擴大，家是國的縮小，在家做孝子，在國做忠臣。在以家庭為中心的宗法制社會時代，家是一個小小的王國，家長就是它的國王；國是一個大大的家，國王就是它的家長。無論是國王還是家（族）長都有生殺予奪的至高權力。因此，有君君、臣臣、父父、子子的規範貫穿國與家。也正因為如此，我們才能理解：「治國必先齊其家。」

需要指出的是，進入現代社會以後，情況已發生了極大的變化：一方面，國已不允許實行家長制，另一方面，家已大大地民主化。不僅君君、臣臣、父父、子子的規範已成為過去，就是孝、悌觀念也日漸式微，喪失了「君子不出家而成教於國」的基本條件。而且，「其家不可教，而能教人者」的現象也不是沒有。比如說，一個優秀教師能夠教育好別人的子女，然而不一定能夠教育好自己的子女，一些政府官員能夠要求別人遵紀守法，然卻不一定能使自己的子女遵紀守法，等等。這類事情屢見不鮮，很是令人深思。

當然，《大學》的這一章反覆強調以身作則，要求「君子有諸己而后求諸人，無諸己而后非諸人」，指出「其所令反其所好，而民不從」，「所藏乎身不恕，而能喻諸人者，未之有也。」這些思想卻並不因為社會時代的變遷而失去光彩。它既是對「欲治其國者」的告誡，值得推薦給為官從政的人作為座右銘，也是對儒學「恕道」原則的闡發，可廣泛應用於生活的各個方面，作為我們立身處世，待人接物的有益參考。管理活動過去、現在、未來都要求管理者率先垂範，身體力行，拳拳服膺，才能真正收到春風化雨的效果。

釋「治國平天下」章

所謂平天下在治其國者，上老老❶而民興孝；上長長❷而民興弟；上恤孤❸而民不倍❹。是以君子有絜矩之道❺也。所惡於上，毋以使下；所惡於下，毋以事上；所惡於前，毋以先後；所惡於後，毋以從前；所惡於右，毋以交於左；所惡於左，毋以交於右：此之謂絜矩之道。

《詩》云：「樂只君子，民之父母❻。」民之所好好之；民之所惡惡之。此之謂民之父母。《詩》云：「節彼南山，維石巖巖。赫赫師尹，民具爾瞻❼。」有國者不可以不慎，辟，則為天下僇❽矣！《詩》云：

「殷之未喪師，克配上帝。儀監于殷，峻命不易❾。」道得眾則得國，失眾則失國。

是故君子先慎乎德。有德此❿有人，有人此有土，有土此有財，有財此有用。德者，本也；財者，末也。外本內末，爭民施奪⓫。是故財聚則民散，財散則民聚。是故言悖⓬而出者，亦悖而入；貨悖而入者，亦悖而出。〈康誥〉曰：「惟命不于常。」道善則得之，不善則失之矣。《楚書》曰：「楚國無以為寶，惟善以為寶⓭。」舅犯曰：「亡人無以為寶，仁親以為寶⓮。」

〈秦誓〉⓯曰：「若有一个臣，斷斷⓰兮，無他技，其心休休⓱焉，其如有容⓲焉。人之有技，若己有之；人之彥聖⓳，其心好之，不啻⓴若自其口出，寔能容之，以能保我子孫黎民，尚亦有利哉！人之有技，媢嫉㉑以惡之；人之彥聖，而違㉒之俾㉓不通，寔不能容，以不能保我子孫黎民，亦曰殆哉！」唯仁人，放流㉔之，迸諸四夷㉕，不與同中國㉖，此謂唯仁人為能愛人，能惡人。見賢而不能舉，舉而不能先，命㉗也；見不善而不能退，退而不能遠，過也。好人之所惡，惡人之所好，是謂拂㉘人之性，菑必逮夫㉙身。是故君子有大道：必忠信以得之，驕泰㉚以失之。

生財有大道：生之者眾，食之者寡，為之者疾，用之者舒，則財恆足矣。仁者以財發身㉛，不仁者以身發財。未有上好仁，而下不好義者也；未有好義，其事不終者也；未有府庫㉜財，非其財者也。孟獻子㉝曰：「畜馬乘㉞，不察㉟於雞豚；伐冰之家㊱，不畜牛羊；百乘之家㊲，不畜聚斂之臣㊳。與其有聚斂之臣，寧有盜臣。」此謂國不以利為利，以義為利也。長國家㊴而務財用者，必自小人矣。彼為善之，小人之使為國家，菑害並至。雖有善者，亦無如之何㊵矣！此謂國不以利為利，以義為利也。

（右傳之十章，釋「治國平天下」。凡傳十章。前四章統率綱領旨趣；後六章細論條目工夫。其第五章乃明善之要；第六章乃誠身之本；在初學尤為當務之急，讀者不可以其近而忽之也。）

【注　釋】❶老老　尊敬老人。前一個「老」字作動詞，後一個「老」字是名詞。老老，意思是把老人當作老人看待。❷長長　尊重長輩。前一個「長」字作動詞，後一個「長」字是名詞。長長，意思是把長輩當作長輩看待。❸恤孤　恤，體恤；周濟。孤，孤兒，古時候專指幼年喪失父親的人。❹倍　通「背」。背棄。❺絜矩之道　儒家倫理思想之一，指一言一行要有示範作用。絜，量度。矩，畫直角成方形用的工具，引申為法度、規則。❻樂只君子二句　引自《詩經・小雅・南山有臺》。樂，用禮樂進行娛樂，快樂，喜悅。只，語助詞。❼節彼南山四句　引自《詩經・小雅・節南山》。〈節南山〉這首詩是諷刺周王執政太師尹氏的。師尹，太師尹氏，是指周宣王時做過太師的尹吉甫的後代。太師是周代的三公之一。節，雄偉的樣子。巖巖，險峻的樣子。爾，你。瞻，瞻仰；仰望。❽僇　通「戮」。殺戮。❾殷之未喪師四句　引自《詩經・大雅・文王》。喪師，喪失民眾。配，符合。儀監，原詩為「宜監」，宜以……為借鑒。峻命，指天命。不易，指不容易保有。❿此　乃；才。⓫爭民施奪　爭民，與民爭利。施奪，施行劫奪。⓬悖　逆，意為違背正理。⓭楚書曰三句　《楚書》，楚昭王時史書。楚昭王派王孫圉出使秦國。晉國趙簡子問楚國珍寶美玉現在怎麼樣了。王孫圉答道：楚國從來沒有把美玉當作珍寶，只是把善人如觀射父（人名）這樣的大臣看作珍寶。事見《國語・楚語》。漢代劉向的《新序》中也有類似的記載。楚國，古代國名。西周時立國於荊山一帶，後吞併了五十多個小國，疆土不斷擴大，成為春秋五霸之一。後來為秦所滅。⓮舅犯曰三句　舅犯，晉文公重耳的舅舅狐偃，字子犯。亡人，流亡的人，指重耳。晉僖公四年十二月，晉獻公因受驪姬的讒言，逼迫太子申生自縊而死。重耳避難逃亡在外。在狄國時，晉獻公逝世。秦穆公派人勸重耳歸國掌政。重耳將此事告子犯，子犯以為不可，對重耳說了這幾句話。事見《禮記・檀弓下》。⑮秦誓　《尚書》的篇名，是春秋時代秦穆公伐鄭，在崤地被晉擊敗，歸後告誡群臣所作的誓詞，稱作〈秦誓〉。通篇為悔過之詞。⑯斷斷　真誠不二的樣子。⑰休休　善良寬宏的樣子。⑱有容　能夠容人。⑲彥聖　指德才兼備的人。彥，美。聖，明。⑳不啻　不但。㉑媢嫉　妒嫉。㉒違　阻抑。㉓俾　使。㉔放流　流放；放逐。㉕迸諸四夷　迸，即「屏」。驅逐。四夷，四方之夷，古代泛指中國四方邊境的少數民族。夷指古代東方的部族。㉖中國　全國的中心地區。古代漢族多建都於中原地帶，故稱其地為「中國」。與現代意義的「中國」一詞意義不一樣。㉗命　東漢鄭玄認為應該是「慢」字之誤。慢即輕慢、怠慢的意思。㉘拂　逆；違背。㉙逮夫　逮，及；到。夫，助詞。㉚驕泰　驕橫放縱。㉛發身　指提高自己的道德修養。發，發達；發起，引申為提高。㉜府庫　古代國家收藏財物或文書的地方。㉝孟獻子　魯國大夫，姓仲孫名蔑。㉞畜馬乘　畜，養。乘，指用四匹馬拉的車。畜馬乘是士人初作大夫官的待遇。㉟察　關注，引申為計較。㊱伐冰之家　指喪祭時能用冰保存遺體的人家。是卿大夫類大官的待遇。㊲百乘之家　擁有一百輛車的人家，指有封地的諸侯王。㊳聚斂之臣　搜刮錢財的家臣。聚，聚集。斂，徵收。㊴長國家　成為國家之長，指君王。㊵無如之何　沒有辦法；無法應對。

【語　譯】之所以平定天下要先治理好自己的國家，是因為在上位的人尊敬老人，老百姓就會孝順自己的父母；在上位的人尊重長輩，老百姓就會尊重自己的兄長；在上位的人體恤救濟孤兒，老百姓也會同樣跟著去做。所以，品德高尚的人總是實行以身作則、推己及人的法度。如果厭惡上司對你的某種行為，就不要用這種行為去對待你的下屬；如果厭惡下屬對你的某種行為，就不要用這種行為對待你的上司；如果厭惡在你前面的人對你的某種行為，就不要用這種行為去對待在你後面的人；如果厭惡在你後面的人對你的某種行為，就不要用這種行為去對待在你前面的人；如果厭惡在你右邊的人對你的某種行為，就不要用這種行為去對待在你左邊的人；如果厭惡在你左邊的人對你的某種行為，就不要用這種行為去對待在你右邊的人。這就叫做「絜矩之道」。

《詩經》上說：「使人心悅誠服的國君啊，是老百姓的父母。」老百姓喜歡的他也喜歡，老百姓厭惡的他也厭惡，這樣的國君就可以說是老百姓的父母了。《詩經》上說：「雄偉巍峨的終南山，山崖險峻不可攀。權勢顯赫的尹太師，百姓目光都仰望著你。」統治國家的人不可不謹慎。稍有偏頗，就會被天下人推翻。《詩經》上說：「殷朝沒有喪失民心的時候，還是能夠與上天的要求相符的。請用殷朝的興亡作個鑒戒吧，守住天命永保國家並不是一件容易的事。」這就是說，得到民心就能得到國家，失去民心就會失去國家。

所以，品德高尚的人首先注重修養德行。有德行才會有人擁護，有人擁護才能保有土地，有土地才會有財富，有財富才能供給使用。德是根本，財是枝末。假如把根本當成了外在的東西，把枝末當成了內在的根本，那就會和老百姓爭奪利益。所以，君王聚財斂貨，民心就會失散；君王散財於民，民心就會聚在一起。這正如你說話不講道理，人家也會用不講道理的話來回答你；財貨來路不明不白，總有一天也會不明不白地失去。

〈康誥〉說：「天命是不會始終如一的。」這就是說，行善便會得到天命，不行善便會失去天命。《楚書》說：「楚國沒有什麼是寶，只有把善當作寶。」舅犯說：「流亡在外的人沒有什麼是寶，只是把仁愛當作寶。」

〈秦誓〉說：「如果有這樣一位大臣，忠誠老實，雖然沒有什麼特別的本領，但他心胸寬廣，有容人的肚量。別人有本領，就如同他自己有一樣；別人德才兼備，他心悅誠服，不只是在口頭上表示，而是打心眼裡讚賞。用這種人，是可以保護我們的子孫和百姓的，也是完全可以為我們的子孫和百姓造福的啊！相反，如果別人有本領，他就妒嫉、厭惡；別人德才兼備，他便想方設法壓制、排擠，無論如何容忍不得。用這種人，不僅不能保護我們的子孫和百姓，而且可以說是危險得很！」因此，有仁德的人會把這種容不得人的人流放，把他們驅逐到邊遠的四夷之地去，不讓他們同住在國中。這就是說，只有具有仁愛品德的人，才懂得該愛什麼樣的人，該恨什麼樣的人。發現人才而不能選拔，選拔了而不能重用，這是輕慢；發現惡人而不能罷免，罷免了而不能把他驅逐得遠遠的，這是過錯。喜歡眾人所厭惡的，厭惡眾人所喜歡的，這是違背人的本性，災難必定要落到自己身上。所以，做國君的人有其內在的大道理：即忠誠信義，便會獲得一切；驕奢放縱，便會失去一切。

創造財富也有其重要的原則：這就是創造財富的人要多，消耗財富的人要少；管理財富的人應勤奮，動用財富的人應節儉。這樣做才能使國家財富經常保持充足。具有仁德的人士使用財富以修養自身的德行，沒有仁德的人們卻不惜以生命為代價去斂錢發財。沒有聽說過在上位的人喜愛仁德，而在下位的人卻不喜愛仁義的道理；沒有聽說過在下位的人們愛好仁義，而不能幫助君王完成其事業的道理；沒有聽說過國家府庫裡存有財富，而財富不屬於國家君王所有的道理。孟獻子說：「養了四匹馬拉車的士大夫之家，就不應該考慮養雞養豬之類的事情；祭祀用冰的卿大夫家，就不要再去飼養牛羊；擁有一百輛兵車的諸侯之家，就不要去收養搜刮民財的家臣。與其有搜刮民財的家臣，不如有偷盜東西的家臣。」這意思是說，一個國家不應該以財貨為利益，而應該以仁義為利益。做了國君卻還一心想著聚斂財貨，這必然是有小人在誘導，而那國君還以為這些小人是好人，讓他們去處理國家大事，結果是天災人禍一齊降臨。這時雖有賢能的人，卻也沒有辦法挽救了。所以，一個國家不應該以財貨為利益，而應該以仁義為利益。

（上面是傳文的第十章，是解釋「治國平天下」的。全篇傳文共十章，前四章全面論述總綱的主旨，後六章詳細討論細目及實行的方法。其中第五章闡明的是「至善」的要領，第六章論說的是修身誠意的根本，它對於初學的人來說尤其是當務之急，讀者不要以為淺近而把它忽略了。）

【研　析】本章重點論述了「治國」與「平天下」的關係，強調「治國」是「平天下」的基礎和前提。這是《大學》的最後一章，具有結尾的性質。全章在闡釋「平天下在治其國」的主題下，具體展開了如下幾方面的內容：一、君子有絜矩之道。二、民心的重要：得眾則得國，失眾則失國。三、德行的重要：德本財末。四、用人的問題：唯仁人為能愛人，能惡人。五、利與義的問題：國不以利為利，以義為利。

全章一開始就提出了統治者應當遵循的絜矩之道，即「所惡於上，毋以使下；所惡於下，毋以事上；所惡於前，毋以先後；所惡於後，毋以從前；所惡於右，毋以交於左；所惡於左，毋以交於右。」所謂絜矩之道，是與前一章所強調的「恕道」一脈相承的，以推己及人為表現形式的道德行為原則。如果說，「恕道」重點強調的是「己所不欲，勿施於人」的將心比心方面，那麼，「絜矩之道」則是重在強調以身作則的示範作用方面。如孔子對季康子說：「當政者的德行好比是風，老百姓的德性好比是草。只要風吹草上，草必然隨風倒伏。」（《論語・顏淵》）世道人心，上行下效。關鍵是看你說什麼，提倡什麼，做什麼。榜樣的力量是無窮的，領袖的力量更是不可估量的。所以，當政治國的人必須要有「絜矩之道」。絜矩之道以儒家傳統的「仁政」思想為理論依據，強調了統治者在道德上應當身體力行、拳拳服膺，堅持把自己與他人和百姓聯繫起來的原則，將心比心，推己及人，從自己的喜怒哀樂愛惡懼中體恤到百姓的喜怒哀樂愛惡懼，做到與民同憂樂，為民興利，這樣才能受到百姓的擁戴和歡迎。

與絜矩之道密切相關，本章強調了民為邦本和爭取民心的深刻道理。關於民心的重要性，一直是儒家所深為關注的。民為邦本，本固邦寧。得民心者得天下，失民心者失天下。水能載舟，也能覆舟，把民心的向背視為治國平天下的根本。當然，道理雖然是毋庸置疑的，但縱觀歷史，卻往往是當局者迷，旁觀者清。所以，才會有王朝的更迭，江山的改姓，當政者「為天下僇」。

德行是儒學反覆記述、強調的中心問題之一。儒家認為，倫理道德是根本，財貨功利是枝末。只有在堅持倫理道德為根本的前提下，才能比較好地發揮財貨功利的價值。如果本末倒置，以財貨功利為根本，以倫理道德為末用，就必然導致上下交爭利的局面，進而誘發道德墮落和社會危機，統治者不僅會失去民心的支持，而且勢必會危及自身的統治。因此，統治者首先應當注重個人的道德修養，以倫理道德作為治國平天下的根本，只有這樣，才能擁有民眾、土地和財富，國家才能興旺發達。

正因為「德本財末」，所以德行對於治國平天下有著至為重要的作用。落實到用人問題上，同樣也應當堅持品德第一，才能第二。《大學》引用了《尚書．秦誓》裡的一段話，說明一個人即使沒有什麼才能，但只要心胸寬廣能容人，「宰相肚裡能撐船」，便可以重用。相反，即使你非常有才能，但如果你嫉賢妒能，容不得人，也是危害無窮，不能任用的。所以「唯仁人為能愛人，能惡人。」當政治國的人必須要有識別人才的本領，把思想道德放在選拔人才的重要地位來加以考慮。宋代司馬光把人劃分為「才德全盡」的「聖人」，「德勝才」的「君子」，「才德兼亡」的「愚人」，和「才勝德」的「小人」，認為最理想的人才是德才兼備，其次是德高於才，最壞的是才高於德或有才無德。司馬光說：「凡取人之術，苟不得聖人、君子而為之，與其得小人，不若得愚人。」為什麼這麼說呢？這是因為小人與愚人為惡的程度和社會影響不同，「愚者雖為不善，智不能周，力不能勝」，其危害自然不可能很大；然則小人卻不同，「小人智足以遂其奸，勇足以決其暴，是虎而翼者也，其為害豈不大哉！」司馬光的這些論述，實質是對《大學》德高於才思想的發揮，直到今天對我們在選拔人才問題上仍有啟迪意義。

與「德本財末」密切相關的另一範疇便是「利」與「義」的問題。為了闡述「利」與「義」的關係問題，《大學》提出了「生財有大道」的觀點，即主張生產財富的人要多，消費財富的人要少；謀財的人要勤奮，用財的人要節儉。這是一段很富於經濟學色彩的論述，淺顯易懂而毋庸置疑。還有「仁者以財發身，不仁者以身發財」的論述更具有深刻性。「以財發身」的人把財產看作身外之物，所以能仗義疏財以修養自身的德行。「以身發財」的人愛財如命，奉行「人為財死，鳥為食亡」的原則，不惜以生命為代價去斂錢發財，或貪贓枉法，鋌而走險，最後導致人財兩空的悲劇。所以，還是「以財發身」，做財富的主人好。

總之，這一章是《大學》全篇思想的提煉和總結，內容豐富，奧義精深，集中了儒家倫理思想的精華。我們將會看到，這些思想在《中庸》、《論語》、《孟子》等儒家經典中還有反覆的論述和展開。

中庸

【題解】《中庸》是《禮記》中的第三十一篇。是儒家思孟學派及其後學所作的一部專門論及修身養性、進德達善的哲學倫理著作，被視為「六經之淵源」和儒家之慧根。早在西漢時代就有專門解釋《中庸》的著作，《漢書・藝文志》載錄有《中庸說》二篇，以後各代都有關於這方面的著作相沿不絕。但影響最大的還是朱熹的《中庸章句》，他把《中庸》與《大學》、《論語》、《孟子》合在一起，使它成為「四書」之一，成為後世讀書人求取功名的階梯。

《中庸》一書言簡意賅，內容豐富，不僅繼承了先秦儒家的中庸思想並對之作了系統的發揮，把「中庸」作為儒家的最高道德標準，而且還以此為基礎討論了一系列的問題，涉及到儒家學說的各個方面。所以，《中庸》被推崇為「實學」，被視為可供人們終身受用的經典，這也絕不是偶然的。《中庸》全書僅有數千言。朱熹在整理此書時，將其分為三十三章。其內容大體可分為兩部分，一部分是孔子對中庸的闡釋及達到中庸的途徑的論述，另一部分是子思及其後學對孔子中庸思想的繼承和發展，最重要的是對「誠」的論述。孔子的中庸思想在《論語》中只有一處提到，此即「中庸之為德也，其至矣乎！民鮮久矣。」《中庸》集中了孔子對中庸的論述，並對之作了比較好的整理。思孟學派及其後學把孔子對中庸的論述輯錄到一起，加以系統的闡發，使中庸不僅作為道德規範，而且作為觀察世界、處理問題的思想方法，甚至將其提到世界觀的高度。他說：「中也者，天下之大本也；和也者，天下之達道也。致中和，天地位焉，萬物育焉。」這就使中庸成為宇宙的根本法則。思孟學派及其后學還在中和的基礎上提出了誠明合一的思想，把誠者視為「天之道」，把誠之者視為「人之道」，主張把「自誠明」和「自明誠」統一起來。思孟學派及其後學對孔子中庸思想的發展還在於不僅對儒家的性、道、教作出了新的解說，而且從道德修養方面闡釋了儒家的君子觀，認為君子誠之為貴和慎其獨，君子尊德性而道問學，極高明而道中庸，還在於提出了知仁勇「三達德」和「治國九經」等。

《中庸》一書，在儒家思想發展史上占據著重要的地位。唐代權德輿指出：「《大學》有明德之道，《中庸》有盡性之術。闕里宏教，微言在茲。」（《全唐文》卷四八三）所謂「闕里宏教，微言在茲」是說這兩部著作乃是全部儒學的理論核心。朱熹曾說：「讀書須以《大學》為先，次《論語》、次《孟子》、次《中庸》。《中庸》工夫密，規模大。」（《朱子語類》卷一四）朱熹認為《中庸》「憂深言切，慮遠說詳」，「歷選前聖之書，所以提挈綱維，開示蘊奧，未有若是之明且盡者也。」（《中庸章句序》）並且在《中庸章句》的開頭引用程頤的話，強調《中庸》是「孔門傳授心法」的著作，「放之則彌六合，卷之則退藏於密，其味無窮，皆實學也。」善於閱讀的人只要仔細玩味，便可以終身受用不盡。

本書中《中庸》的譯注所用的底本係採錄朱熹的《中庸章句》，章節也是以此為依據。朱熹在章後所作的提示說明，本書也一併附上。我們認為，這對於全面準確地把握《中庸》有一定的幫助。《中庸》三十三章，大體可分為五個大的組成部分，第一章是總說，提出性、道、教的概念，並論道之特性，由天下之達道而言說中和。第二章至第十一章是細說中庸的內涵、本質與功效，第十二章至第二十章是說費隱小大，第二十一章至第三十二章是說天道人道，最後一章（即第三十三章）照應全書，是總結歸納，指出《中庸》是明道之書，一個道字貫徹始終，知仁勇是明道所應具備的基本德性。《中庸》一書以中為性，以庸為道，以誠言天道，以誠之言人道，並提出「自誠明」和「自明誠」的「誠明合一」說，將儒家「微妙而難見」的「道心」作了淋漓盡致的發揮和精湛極理的論證，故被朱熹認為是一部超越前人的「聖書」。

（子程子曰：「不偏之謂中，不易之謂庸。中者天下之正道，庸者天下之定理。」此篇乃孔門傳授心法，子思❶恐其久而差也，故筆之於書，以授孟子❷。其書始言一理，中散為萬事，末復合為一理。放之則彌六合，卷之則退藏於密，其味無窮，皆實學也。善讀者玩索❸而有得焉，則終身用之，有不能盡者矣。）

【注釋】❶子思　戰國初哲學家，姓孔，名伋，字子思，孔子之孫。相傳曾受業於曾子，其學以「中庸」為核心。孟子曾受業於他的門人，將其學說加以發揮，形成了「思孟學派」。❷孟子　戰國時思想家、教育家，名軻，字子輿，鄒（今山東鄒縣東南）人。其思想內容主要集中在《孟子》一書，被認為是孔子學說的繼承者。❸玩索　領會探求。

【語　譯】夫子程頤先生說：「不偏於一方叫做中，不改變常規叫做庸。中是天下的正道，庸是天下的定理。」這篇《中庸》是孔門傳授心得的方法，子思恐怕年代久了傳授會有差錯，所以把它寫錄成書，傳授給孟子。這本書開始只說一個道理，中間分開為各種事體，最後又綜合起來歸結到一個道理上來。這一道理，放開來可以充塞天地四方，收攏來可以深藏於隱密的內心。它的意味是無窮的，都是實實在在的學問。善於讀書的人如果反覆領會探求，心裡必然會有所收獲，一輩子也受用不盡。

第一章（天命）

天命之謂性❶，率性之謂道❷，脩道之謂教❸。

道也者，不可須臾離也，可離非道也。是故君子戒慎乎其所不睹，恐懼乎其所不聞。莫見乎隱，莫顯乎微❹。故君子慎其獨也。

喜怒哀樂之未發，謂之中❺；發而皆中節，謂之和❻。中也者，天下之大本也；和也者，天下之達道❼也。致❽中和，天地位焉，萬物育焉。

（右第一章，子思述所傳之意以立言。首明道之本原出於天而不可易，其實體備於己而不可離，次言「存養省察」之要，終言「聖神功化」之極。蓋欲學者於此，反求諸身而自得之，以去夫外誘之私，而充其本然之善，楊氏所謂一篇之體要是也。其下十章，蓋子思引夫子之言，以終此章之義。）

【注釋】❶天命之謂性　上天的旨意和命令。在中國古代，人們把天當作神，認為天能傳達命令給人，可以決定人的性情和命運。朱熹解釋說：「天以陰陽五行化生萬物，氣以成形，而理亦賦焉，猶命令也。於是人物之生，因各得其所賦之理，以為健順五常之德，所謂性也。」（《中庸章句》）性，指上天賦予人的本性。儒家認為，上天把自己的命令賦予人，形成人的仁義禮智信等本性。《中庸》所說的「天命之謂性」，與孟子「仁義禮智非由外爍我也，我固有之也」等有相通之處。❷率性之謂道　遵循本性自然發展的原則而行動就是道。率，遵循；按照。道，原義指道路，引申為事物運動變化發展所應遵循的普遍規律和人們行為所必須遵循的原則規範。《中庸》書中所講的道，指性的外在表現形式。❸脩道之謂教　按照道德的原則修養自身即是教化。教，政教；教化。儒家主張通過道德教化的方式進行統治，並認為這種教化必須遵循正道的原則。❹莫見乎隱二句　沒有比隱蔽的東西更容易表現出來，沒有比細微的東西更容易顯露出來。莫，在這裡是「沒有什麼更……」的意思。見，顯現；明顯。乎，於。在這裡有比較的意味。隱，隱蔽；暗處。不易被人覺察的地方。微，小事；細微。一般人覺察不到的事情。❺謂之中　是說人們沒有接觸外界事物，所以自身的喜怒哀樂愛惡懼之感情未能表露。中，無過無不及，不偏不倚。《中庸》認為，人的內心處於虛靜淡然、不偏不倚的境界。❻發而皆中節

二句　指人的感情表現出來都合乎節度。發，表露。中，符合。節，節度；法度。❼達道　普遍通行的行為準則。《中庸》認為，人的感情和諧，就是天下共同遵循的道理，所以稱「達道」。❽致　通「至」。達到；到達。

【語　譯】上天把自己的旨意賦予給人叫做「性」，遵循本性自然發展的原則而行動就是「道」，按照「道」的原則進行修養即是「教」。

「道」是不可以片刻離開的，如果可以離開，它就不是「道」了。所以，品德高尚的人在沒有人看見的地方也是謹慎的，在沒有人聽見的地方也是有所戒懼的。越是隱蔽的地方越是明顯，越是細微的地方越是顯著。所以，品德高尚的人在一人獨處的時候也是謹慎的。

人的喜怒哀樂的感情沒有表現出來的時候，叫做「中」；表現出來以後符合自然常理，叫做「和」。「中」，是人人都有的本性；「和」，是大家遵循的原則。達到「中和」的境界，天地便各在其位了，萬物便生長繁育了。

（上面一段是第一章，子思追述孔子的意思以作文。首先說明「道」的本原是出於天而不可變更的，「道」的實體存在於我們自身而不可分離；其次說明「存養省察」功夫的要點；最後說到「聖神功化」的最高境界。這目的不外乎是想使讀書人反過來要求自己，而領悟出它的道理，去除由於外界的引誘而產生的私欲，使那天然的本性充實起來。這一章就是楊時所說《中庸》的綱領。以下十章是子思引述孔子的言語來深刻論述第一章的含意的。）

【研　析】這是《中庸》的第一章。它以命性道教明中庸之義，以戒懼慎獨明執中之道，以中和明體用之一貫，以位育明仁誠之極功，顯示出浩博的境界，深遠的意蘊。

「天命之謂性，率性之謂道，脩道之謂教」是《中庸》全書的總綱。「天命之謂性」是說人性是天所賦予，生而具有的。這句話雖然沒有明說人性是善是惡，但從下一句「率性之謂道」來看，《中庸》的作者是承認人性本質上是善良的。「率性之謂道」蘊涵著循性而行即是道，道肯定是善的，故從道善可以推出性善，性善可以推出天命之善。但是《中庸》並沒有僅僅停留在「性本善」上，而是從「性本善」中引出修道的問題，暗示著本善的人性在後天生活中也有可能沉淪或不被彰明，因此必須通過修道的努力來恢復或保持本善的人性，「脩道之謂教」，接近荀子的思想。《中庸》這種本善的人性同樣需要後天的修養的觀點，本質上具有綜合孟荀以發揮孔子思想的特質。

緊接著「性」、「道」、「教」的界說，《中庸》闡釋了作為三者之樞紐的「道」的本質規定性問題。從道的不可離性和對人生無所不照的特性引出君子人格及其對道的修養問題，強調在細微和無人在場情境下對道德原則的信守和遵循的極端重要性，把「慎其獨」當作道德修養的重要內容及其所達到的境界。慎獨要求人們加強道德修養的自覺性，真心誠意地順著上天賦予的道德本性行為，按照道德的原則修養自身，並把講求道德視為自己神聖而不可推卸的義務。

解決了上述思想問題後，本章才正面提出「中和」（即中庸）這一範疇，進入全篇的主題。按照本章的意思，在一個人還沒有表現出喜怒哀樂愛惡懼的情感時，內心處於平靜淡然、不偏不倚的境界，所以叫做「中」。但喜怒哀樂愛惡懼是人人都有而不可避免的，它們必然要表現出來。表現出來而符合常理，有節度，這就叫做「和」。二者協調和諧，這便是「中和」。人人達到「中和」的境界，大家心平氣和社會秩序井然，天下也就太平無事了。儒家認為，面對嚴重的社會問題，人們應當「擇乎中庸」，不斷地「致中和」，不走極端，以中和泰然的態度接物應世。就可以使天地各安其位，萬物各得其生，形成人與天地萬物和諧的局面。

本章具有全篇總綱的性質，以下十章（第二章至第十一章）基本上都是圍繞本章的內容而展開的。

第二章（時中）

仲尼❶曰：「君子中庸❷，小人反中庸。君子之中庸也，君子而時中。小人之中庸也❸，小人而無忌憚❹也。」

（右第二章）

【注釋】❶仲尼　即孔子（西元前五五一－前四七九年），名丘，字仲尼，魯國陬邑（今山東曲阜南）人。春秋末期著名的思想家、教育家，儒家學派的創始人。❷中庸　儒家學派提出的脩身的最高道德標準，即不偏不倚、無過無不及。中，即中和。庸，「常」的意思。❸小人之中庸也　應為「小人之反中庸也」。「反」字已佚失。❹忌憚　顧忌和畏懼。

【語譯】仲尼說：「君子言論和行動均能符合中庸的準則，小人的言論和行動常常違背中庸的準則。君子的言論和行動之所以總是符合中庸的準則，是因為君子能隨時做到適中，無過無不及；小人之所以違背中庸，是因為小人沒有什麼顧忌和畏懼，專走極端。」

（上面一段是第二章。）

【研析】本章以孔子對中庸的論述為重要內容，揭示了君子和小人在對待中庸問題上的態度，即君子的言論和行動總是能符合中庸的準則和要求，而小人的言論和行動常常違背中庸的準則和要求。中庸是指不偏不倚、無過無不及的修身的最高道德標準和道德品質。

孔子的學生子貢曾經問孔子：「子張和子夏哪一個賢一些？」孔子回答說：「子張過分，子夏不夠。」子貢問：「那麼是子張賢一些嗎？」孔子說：「過分與不夠是一樣的。」（《論語・先進》）這一段話是對「君子而時中」的生動說明。也就是說，過分與不夠貌不同，其實質卻都是一樣的，都不符合中庸的要求。中庸的要求是恰到好處，如宋玉筆下的大美人東家之子：「增之一分則太長，減之一分則太短；著粉則太白，施朱則太赤。」（〈登徒子好色賦〉）

所以，中庸就是恰到好處，就是無過無不及，就是「東家之子」！

第三章（鮮能）

子曰：「中庸其至矣乎！民鮮能久矣❶！」

（右第三章）

【注釋】❶中庸其至矣乎二句　鮮，少；不多。這句話可參看《論語・雍也》：「子曰：『中庸之為德也，其至矣乎！民鮮久矣。』」其，表示推測、大概之意。

【語譯】孔子說：「中庸大概是最高的德行了吧！老百姓缺乏它已經很久了！」

（上面一段是第三章。）

【研析】在《論語》中，孔子明確提出「中庸」的概念，並把它視為最高的德行。《論語・雍也》「子曰：『中庸之為德也，其至矣乎！民鮮久矣。』」這句與本章的意思接近。在孔子看來，中庸既是一種最佳的道德狀態和道德境界，也是一種最高的道德品質和德行。正因為它是最好的德行，最高的道德標準，所以，一般人很難接近和很少實現它。老百姓的行為總是好走極端，其德行離中庸有很遠的落差。孔子還認為，不僅老百姓很少有人能夠真正實行它，即便是他的學生其行為和性情也各有所偏，不合中行，因此對他們的品質和德行必須加以糾正。《論語》中孔子的學生評價孔子，認為只有孔子才真正具有中庸的德行，他「溫而厲，威而不猛，恭而安」（《論語・述而》），是符合於中庸準則的典範。正因為孔子是中庸至德的典範，所以才贏得顏淵等學生發自內心的敬仰和崇拜。顏淵喟然歎曰：「仰之彌高，鑽之彌堅。瞻之在前，忽焉在後。夫子循循然善誘人，博我以文，約我以禮，欲罷不能。既竭吾才，如有所立卓爾。雖欲從之，末由也已。」（《論語・子罕》）擁有中庸的德行誠屬不易，但如果能像顏淵一樣對擁有中庸德行的聖人敬佩有加，其實也是應當肯定的一種德行。

第四章（行明）

子曰：「道❶之不行也，我知之矣。知者❷過之，愚者不及也；道之不明也，我知之矣。賢者過之，不肖者❸不及也。人莫不飲食也，鮮能知味也。」

（右第四章）

【注　釋】❶道　即中庸之道。❷知者　即智者，與愚者相對，指智慧超群的人。知，同「智」。❸不肖者　原意是不像祖先那樣有良好品德的人。這裡指不賢的人或指卑賤之徒。

【語　譯】孔子說：「中庸之道不能實行的原因，我知道了：聰明的人自以為是，認識過了頭；愚蠢的人用力不及，不能理解它。中庸之道不能弘揚的原因，我知道了：賢能的人做得太過分，不賢的人根本做不到。就像人們每天都要吃喝，但卻很少有人能夠真正品嘗滋味。」

（上面一段是第四章。）

【研　析】本章仍在討論「過」與「不及」的問題。孔子認為，道是治國安邦的根本原則，是人們立身處世的行為準則。但導致「道之不行」的原因就在於人們不能把握道的時中和適度等特徵，總是在行為上表現出要麼太過，要麼不及的傾向。正因為要麼太過，要麼不及，所以總是不能做得恰到好處。而無論是過還是不及，無論是智還是愚，或者說，無論是賢還是不肖，都是因為缺乏對「道」的深入認識和自覺踐履。正如人們每天都在吃吃喝喝，但卻很少有人真正品嘗出其中的味道一樣，人們雖然也在按照一定的道德規範行事，但由於自覺性不高，主體意識不強，對道的特徵把握不夠，在大多數情況下不是做得過了頭就是做得不夠，難以達到「中和」的效果。所以，提高主體的內在道德自覺和對道的體悟把握，是推行中庸之道至關重要的一環。

第五章（不行）

子曰：「道其❶不行矣夫❷！」

（右第五章）

【注　釋】❶其　語氣詞，表示大概、恐怕等推測的意思。❷矣夫　歎詞，表示感歎，相當於「啊」、「啦」等意思。

【語　譯】孔子說：「中庸之道恐怕不能在世上實行了啊！」

（上面一段是第五章。）

【研　析】以孔子為代表的儒家以志道據德為己任，決心在社會生活中弘揚道德的價值，使道德精神澤被人間，因此他們孜孜以求的是道在社會生活中的貫徹和實現，他們所擔心害怕的是道的失卻和沉淪。孔子本人充滿對道的憂患意識，他說：「君子謀道不謀食……君子憂道不憂貧。」（《論語・衛靈公》）又說：「德之不修，學之不講，聞義不能徙，不善不能改，是吾憂也。」（《論語・述而》）君子所追求的是道而不是糧食，所擔憂的是道而不是貧窮。孔子憂慮的正是那些不修養道德，不講求學問，聽到合乎道義的言論卻不能嚮往實行，有了缺點卻不能改正的行為和現象。他對現實生活中人們追求利益遠甚於追求道義的傾向表示了極大的憂患，因此發出了「道其不行矣夫」的感慨，旨在強化人們對道的追求的重要性和緊迫性，可謂用心良苦，發人深思！

第六章（大知）

子曰：「舜❶其大知❷也與！舜好問而好察邇言❸，隱惡而揚善，執其兩端，用其中於民❹。其斯以為舜乎❺！」

（右第六章）

【注　釋】❶舜　傳說中中國原始社會後期氏族聯盟的首領，姓姚，有虞氏，名重華，史稱虞舜。堯把首領的地位和權力禪讓給他。在儒家學派的思想史上，舜是古代聖君明主之一。❷大知　即極其富有智慧的聰明人。知，同「智」。❸邇言　淺近之言。《詩經・小雅・小旻》：「維邇言是聽，維邇言是爭。」邇，近。❹執其兩端二句　執其兩端，掌握事物正反兩個方面和過與不及兩個極端。用其中，即折中，指運用兩端中合乎中道的道理。❺其斯以為舜乎　這就是舜之所以為舜的地方吧！其，語氣詞，表示推測。斯，這。「舜」字的本義是仁義盛明，所以孔子有此感歎。

【語　譯】孔子說：「舜帝可真算得上是一位具有大智慧的人了！他喜歡向別人問問題，又善於分析別人淺近話語裡的含義。聽到不合理的言論便掩藏起來，聽到合理的善言便加以表揚。他善於把握過與不及兩端的意見，總是採納適中的原則用於老百姓。這就是虞舜之所以能成為舜帝的原因吧！」

（上面一段是第六章。）

【研析】本章引述孔子稱贊舜帝的話來說明舜帝善於隱惡揚善，執兩用中。孔子認為，中國古代的那些聖君明主，他們之所以能夠得到百姓的稱道和擁戴，就在於他們能夠做到隱惡揚善，善於把握過與不及的兩端，採用中庸之道來治理天下國家。研讀本章，我們發現，孔子不僅把中庸之道視為個人修身養性的基本準則和最高的德行，而且將其視為治國安邦的指導思想和基本原則。中庸之道不僅適用於一般老百姓的言行，而且對在上位的統治者也大有裨益。既是不偏不倚、無過無不及的中庸之道，又是傑出的領導藝術。要真正將中庸之道應用於治國安邦的活動中，必須得有非同一般的大智慧，而舜帝恰恰就是具有這種大智慧的人。舜帝具有博大的胸襟和寬容的氣度，因此能夠做到隱惡揚善，同時舜帝有對於中庸之道的自覺意識，有豐富的經驗和過人的識見，因此能夠做到執兩用中，並以中庸之道來造福和引導人民。所以，他受到孔子的讚頌和敬佩。

第七章（予知）

子曰：「人皆曰予知❶。驅而納❷諸罟擭陷阱❸之中，而莫之知辟❹也。人皆曰予知。擇乎中庸，而不能期月❺守也。」

（右第七章）

【注　釋】❶予知　予，我，此處指「大我」，泛指一般人。知，同「智」。明智之意。❷納　納入。引申為落入。❸罟擭陷阱　罟，網的總稱，也指捕獸的網。《易・繫辭下》：「作結繩而為罔罟。」擭，裝有機關的捕獵的木籠。陷阱，捕捉野獸的地坑深井，上有偽裝，下有鋒刃。「罟擭陷阱」比喻利欲的圈套。❹辟　同「避」。躲避。❺期月　一整月。這裡指時間短暫。

【語　譯】孔子說：「人人都說自己聰明而有智慧，可是被驅趕到羅網陷阱中去卻不知躲避。人人都說自己聰明，可是選擇了中庸之道，卻連一個月時間也不能堅持。」

（上面一段是第七章。）

【研　析】本章引述孔子關於中庸之道與智慧關係的言論，旨在說明只有堅持中庸之道才算是具有真正的智慧。捨棄了中庸之道，便算不上聰明，更談不上智慧。離開了中庸之道，自以為聰明，結果反而會被聰明所誤。自以為聰明的人好走極端，好高騖遠，不知適可而止，不合中庸之道，所以往往自投羅網而自己卻還不知道。自以為聰明的人雖然有時知道適可而止的好處，知道中庸之道作為立身處世原則的意義。但由於好勝心難以滿足，欲壑難填，結果是越走越遠，不知不覺間又放棄了適可而止的初衷，背離了中庸之道。就像孔子所惋惜的那樣，連一個月都不能堅持住。

老子說：「知止不辱。」知道適可而止的人是不會遭受侮辱的。事實上，知道適可而止還是一種最高程度的智慧。而那種自以為聰明的聰明，與其說是一種聰明，倒不如說是一種愚蠢。在歷史和現實生活中，那種自以為聰明的聰明，演繹出的人生悲劇難道還少嗎？所以，孔子的思想真可謂寓意深遠，精湛廣博。

第八章（服膺）

子曰：「回❶之為人也，擇乎中庸，得一善，則拳拳服膺❷，而弗失之矣。」

（右第八章）

【注　釋】❶回　指顏回，字子淵，魯國人，生於西元前五二一年，比孔子少三十歲。孔子最得意的門生，最有德行的弟子。❷拳拳服膺　牢牢地放在心上。拳拳，牢握不捨的樣子，引申為懇切。服膺，緊貼胸前，表示牢記在心，真誠信服之意。服，著；放置。膺，胸口。

【語　譯】孔子說：「顏回就是這樣一個人，他選擇了中庸之道，得到了它的好處，就牢牢地把它放在心上，真誠信服，而且永遠不把它丟失。」

（上面一段是第八章。）

【研　析】本章是孔子對顏回堅守中庸之道的讚揚。顏回是孔子最得意的學生，孔子很欣賞他，認為他是諸弟子中最有道德的一位。作為孔門的高足，顏回經常被老師推薦為大家學習的榜樣，在中庸之道方面也不例外。孔子認為，顏回不僅選擇了中庸之道，而且把中庸之道牢記在心，真誠信服，永不丟掉，這是極為難得的。孔子對顏回堅守中庸之道的讚揚，實際上是希望人們向顏回學習，認真領悟和踐行中庸之道，做堅守中庸之道的模範。

第九章（可均）

子曰：「天下國家❶可均❷也，爵祿可辭❸也，白刃可蹈❹也，中庸不可能也。」

（右第九章）

【注釋】❶天下國家　天下，在古代中國，天下的概念指今全中國範圍內的全部土地，即全中國，所以，「天下」，即我們今天所講的「國家」。國家，此處講的國家不是今天「國家」的含義，它是指諸侯的封地和卿大夫的采邑的合稱。國，指周天子分封的諸侯國，如魯國、齊國、鄭國等。家，指卿大夫的家族和封地，即采邑。❷均　即「平」。指治理公正。❸爵祿可辭　爵，爵位。據《禮記・王制》：「王者之制祿爵，公、侯、伯、子、男，凡五等。」祿，官吏的薪俸。辭，放棄；推辭。❹蹈　踩踏；踩上。

【語譯】孔子說：「天下國家可以治理平定，官爵俸祿可以推辭放棄，鋒利尖銳的刀刃可以踐踏而過，中庸卻不容易做到。」

（上面一段是第九章。）

【研析】本章引述了孔子對中庸之道不容易做到的論述，旨在提醒人們對中庸之道保持高度的敬意，排除萬難地去追求它和高揚它。一般人對中庸的理解往往過於膚淺，看得比較容易。孔子針對這種情況，闡發了自己的看法，認為踐行中庸之道絲毫不亞於赴湯蹈火、治國平天下，甚至比赴湯蹈火、治國平天下還難。在孔子看來，中庸是至高無上的道德準則和道德境界，它雖然平實簡易，但卻不容易做到。對於統治者來說，可以做到治國平天下一類的事情，但卻不容易使自己的行為合乎中庸之道；對於老百姓來說，可以做到踩上尖銳鋒利的刀刃之類的事情，但卻不容易使自己的行為合乎中庸之道。由此可見，真心實意地踐行中庸之道並因此使自己擁有中庸的德行，確實是一件極不容易的事，需要人們付出勞其筋骨式的奮鬥，動心忍性式的修養和追求！還有「發奮忘食，樂以忘憂，不知老之將至」式的快樂情懷和堅持精神。

第十章（問強）

子路問強❶。子曰：「南方之強與？北方之強與？抑而強與❷？寬柔以教，不報無道❸，南方之強也，君子居❹之。衽金革❺，死而不厭❻，北方之強也，而強者居之。故君子和而不流❼，強哉矯❽！中立而不倚，強哉矯！國有道，不變塞❾焉，強哉矯！國無道，至死不變，強哉矯！」

（右第十章）

【注　釋】❶子路問強　子路，姓仲，名由，字子路，又字季路，生於西元前五四二年，卒於西元前四八〇年，春秋末期魯國卞（今山東泗水）人。孔子的學生。性格果敢、直爽，為人勇武，故向孔子問強。強，堅強，勢力過人。❷抑而強與　抑，抑或，表示選擇，意為「還是」。而，同「爾」、「汝」。你，指子路。與，同「歟」。疑問語氣詞，相當於「嗎」或「呢」。❸不報無道　別人對我實行橫暴無理的事我也不報復。報，報復。無道，指違反治國和做人原則的言行。❹居　居住；處於。❺衽金革　枕著武器、盔甲睡覺。衽，臥席，此處用為動詞。金，指鐵製的兵器。革，指皮革製成的甲盾或盔甲。❻死而不厭　死而後已的意思。不厭，即不後悔。❼和而不流　性情平和又不隨波逐流。❽矯　堅強的樣子。❾不變塞　艱難時不改變志向。塞，堵塞；阻礙；艱難。

【語　譯】子路問孔子：「怎樣才算得上是堅強呢？」孔子回答說：「你問的是南方的堅強呢，還是北方的堅強呢，或者是你自己認為的堅強呢？用寬容柔和的精神去教育人，人家對我蠻橫無禮也不報復，這是南方人的堅強，品德高尚的人具有這種堅強。睡覺時頭枕著兵器用盔甲當枕席鋪在地上，死了也不悔恨，這是北方的堅強，勇武好鬥的人就具有這種堅強。所以，品德高尚的人和順而不隨波逐流，這才是真正的堅強啊！保持中立而不偏不倚，這才是真正的堅強啊！國家政治清明時不改變志向，這才是真正的堅強啊！國家政治黑暗時堅持操守，寧死不變，這才是真正的堅強啊！」

（上面一段是第十章。）

【研　析】這一章是孔子回答子路關於什麼是堅強的問題。子路性情魯莽，勇武好鬥，所以孔子教導他：有體力和自然稟賦的堅強，同時還有精神力量和道德品質的堅強，然而真正的堅強不是體力和自然稟賦的堅強，而是精神力量和道德品質的堅強。精神力量和道德品質的堅強體現為和而不流，柔中有剛，體現為中庸之道，體現為堅持自己的信念不動搖，寧死不改變志向和操守。「三軍可奪帥也，匹夫不可奪志也。」（《論語・子罕》）這就是孔子所推崇的堅強。「志士仁人，無求生以害仁，有殺生以成仁。」（《論語・衛靈公》）這就是孔子所推崇的堅強。

孔子所強調的堅強是道德上的堅強與中庸品質的完美結合。在本章的後半部分，孔子用四個排比句，來為真正的堅強下定義，認為真正的堅強是待人和氣而又不遷就別人，精神上保持中立而又不偏不倚，國家有道時不改變貧困時的志向，國家無道時至死不改變自己的志向，做到了這四點，那才是真正的堅強。

第十一章（素隱）

子曰：「素隱行怪❶，後世有述❷焉，吾弗為之矣。君子遵道而行，半途而廢，吾弗能已❸矣。君子依乎中庸，遯世不見知❹而不悔，唯聖者能之。」

（右第十一章）

【注釋】❶素隱行怪　素，據《漢書》，應為「索」字，意為尋求。隱，隱僻，這裡指不符合周禮的道理。

行怪，這裡指違背周禮，做怪異的事情。❷述　記述。❸已　止；停止。❹見知　被知；被瞭解。見，被。這裡指被賞識、重用。

【語　譯】孔子說：「世上有些人總是喜愛尋找隱僻的歪理，做些怪誕的事情來欺世盜名，後世也許會有人來記述他，為他立傳，但我是絕對不會去做這樣的事情的。有些品德不錯的人按照中庸之道去做，但是往往半途而廢，不能堅持下去，而我是絕不會停止的。真正的君子遵循中庸之道，即使一生默默無聞不被人知道也不後悔，這只有聖人才能做得到。」

（上面一段是第十一章。）

【研　析】本章繼續對中庸品德的論述。在孔子看來，真正的君子，應當堅決遵循中庸之道的原則，應當持之以恆，將中庸之道永遠堅持下去，決不可半途而廢。孔子本人的志向就是永遠依乎中庸，哪怕避世隱居不被人重用也無怨無悔。孔子看不起那些違背中庸之道，喜歡鑽牛角尖、行為怪誕的人，認為這些出風頭、走極端、欺世盜名的做法根本不合乎中庸之道的要求，自然是聖人所不齒的。唯有正道直行，一條大路走到底，如同林則徐所說的「苟利國家生死以，豈因禍福避趨之」，才是聖人所讚賞並身體力行的。所以，像屈原那樣「路漫漫其修遠兮，吾將上下而求索」的精神，自然是聖人所讚賞的精神。

以上幾章從各個方面引述孔子的言論反覆申說第一章所提出的「中和」（中庸）這一概念，弘揚中庸之道，是全篇的第一大部分。

第十二章（費隱）

君子之道，費而隱❶。夫婦❷之愚，可以與❸知焉；及其至也，雖聖人亦有所不知焉。夫婦之不肖，可以能行焉；及其至也，雖聖人亦有所不能焉。天地之大也，人猶有所憾。故君子語大，天下莫能載焉；語小，天下莫能破❹焉。《詩》云：「鳶飛戾天，魚躍于淵❺。」言其上下察❻也。君子之道，造端❼乎夫婦；及其至也，察乎天地。

（右第十二章，子思之言，蓋以申明首章「道不可離」之意也。其下八章，雜引孔子之言以明之。）

【注釋】❶費而隱　指道之作用廣大無涯而本體精微奧妙。費，道之作用，指廣大無涯。隱，道之本體，指非常精微奧妙。❷夫婦　不是指一般所說的夫婦，而是指匹夫匹婦，即普通男女。❸與　動詞。參與；參預。❹破　分析；剖析。❺鳶飛戾天二句　引自《詩經・大雅・旱麓》。這是一首讚揚有道德修養的人，求福得福，能培養人才的詩。鳶，鳥名，老鷹類。戾，到達。❻察　昭著；明顯。❼造端　造立端緒，意為開始。

【語譯】君子所堅守的中庸之道作用廣大無涯而本體精微奧妙。普通男女雖然愚昧，也可以知道君子的道；但它的最高深境界，即便是聖人也有弄不清楚的地方。普通男女雖然不賢明，也可以實行君子的道；但它的最高深境界，即便是聖人也有做不到的地方。天地如此遼闊廣大，但人們仍有不滿足的地方。所以，君子說到「大」，就大得連整個天下都載不下；君子說到「小」，就小得連一點兒也分不開。《詩經》說：「老鷹高飛上青天，魚兒跳躍入深淵。」這兩句詩比喻中庸之道，是說它能上達於天空，下及於深淵。君子所堅守的中庸之道，開始於普通男女，但它的最高深境界卻昭著於整個天地。

（上面一段是第十二章，是子思所說的話，用來闡明第一章「道不可離」的意思。下面八章，則是援引孔子的話來加以闡述。）

【研　析】這一章另起爐灶，回到第一章「道也者，不可須臾離也，可離非道也」進行闡發，以下八章（第十三章至第二十章）都是圍繞這一中心而展開的。在《中庸》的作者看來，道是遼闊無涯的、無所不包的精神實體，但又是微小的、隱蔽的東西。一般老百姓對於道的外層含義和初步內容可以有所瞭解和認識，但對於道的高深境界和精微奧妙，不僅匹夫匹婦難以認識和把握，即便是聖人也有不能精通的地方。這表明道既平實簡易，淺顯通俗，又精微奧妙，高深莫測。

正因為道平實簡易，所以，道就應該有普遍的可適應性，連匹夫匹婦普通男女都可以知道，可以學習，也可以實踐。正因為道精微奧妙，所以道又有它的高超性，一般的匹夫匹婦真正地理解把握它是非常困難的，即便是聖人也不能說他就已經掌握了道。瞭解和把握道需要付出艱鉅的勞動，也需要有善道樂道和悟道的內在精神和品性，需要有百折不回的執著和堅定的道德意志。

如此兩方面的性質結合起來，使道既廣大又精微，既有普及性又有提高性，既下里巴人又陽春白雪，說到底，道是一個開放的、兼容的、可發展的體系。

道是如此，世界上的許多事情也都是如此。譬如唱歌，卡拉OK誰都可以唱上幾句，但要唱出韻味和水平可就是另一回事了。譬如繪畫，拿起彩筆，畫人物、畫風景，每個人都會，但能畫出人物的神采，風景的意境，則普通人與畫家就有別了。

諸如此類，不勝枚舉。凡事都有一知半解與精通的區別，匹夫匹婦與「聖人」在修道體道上的分別也就在這裡。

第十三章（不遠）

子曰：「道不遠人。人之為道而遠人，不可以為道。《詩》云：『伐柯伐柯，其則不遠❶。』執柯以伐柯，睨而視之❷，猶以為遠。故君子以人治人，改而止。忠恕❸違道❹不遠。施諸己而不願，亦勿施於人。君子之道四，丘未能一焉：所求乎子，以事父，未能也；所求乎臣，以事君，未能也；所求乎弟，以事兄，未能也；所求乎朋友，先施之，未能也。庸❺德之行，庸言之謹，有所不足，不敢不勉；有餘不敢盡。言顧行，行顧言，君子胡❻不慥慥❼爾！」

（右第十三章）

【注　釋】❶伐柯伐柯二句　引自《詩經・南風・伐柯》。該詩是一首關於婚姻的詩。伐柯，砍伐作斧柄的木材。柯，斧柄。則，法則，這裡指斧柄的式樣。❷睨而視之　意為斜著眼睛瞧一瞧便可以看到斧柄的樣子。睨，斜視。❸忠恕　忠恕，儒家之倫理思想和德行。盡己之心之謂「忠」，推己及人之謂「恕」。在孔子的思想裡，「忠恕」是實行仁的方法。❹違道　離道。❺庸　平常。❻胡　何；怎麼。❼慥慥　忠厚誠實的樣子。

【語　譯】孔子說：「道並不排斥人。如果有人實行道而遠離他人，那就不可以說是在實行道了。《詩經》說：『伐木作斧柄啊，伐木作斧柄，斧柄的式樣離我不遠。』握著斧柄作樣子去砍伐木材製作斧柄，斜著眼睛瞧一瞧就看得見，但對砍伐木材製作斧柄的人來說，由於沒用規矩量尺寸，覺得新舊斧柄相差很遠。所以，君子總是按照人道來治理人，別人如果有過錯，只要他能改正錯誤實行道就行。一個人做到忠恕，離道也就差不遠了。什麼叫忠恕呢，自己不願意的事，也就不要施加給別人。君子的道德有四項重要內容，我孔丘連其中的一項也沒有能夠做到：作為一個兒子應該對父親做到的，我沒有能夠做到；作為一個臣民應該對君王做到的，我沒有能夠做到；作為一個弟弟應該對哥哥做到的，我沒有能夠做到；作為一個朋友應該先做到的，我沒有能夠做到。平常的德行努力實踐，平常的言談儘管謹慎。德行的實踐有不足的地方，不敢不勉勵自己努力，言談卻不敢放肆而無所顧忌。說話符合自己的行為，行為符合自己說過的話，這樣的君子怎麼會不忠厚誠實呢？」

（上面是第十三章。）

【研　析】在本章裡，孔子重點談論做人的道理。他說，君子為人處世的原則就是要符合人道。人道的重要原則之一就是忠恕之道。所謂忠恕之道，就是積極助人和不傷人的辯證統一。忠，就是「己欲立而立人，己欲達而達人」，即凡是自己想要立身、通達的，也要讓別人立身、通達。恕，就是「己所不欲，勿施於人」，即自己不願意得到的，就不要強加給別人。

孔子還認為，道不可須臾離的基本條件是道不遠人。換言之，道德是人的道德，本質上是為人服務和使人變得更美好的一種精神動力和武器。道具有普遍的適用性，正如一條大道，歡迎所有的人都來行走，如果只允許自己走，而把別人推得離道遠遠的，那實際上是在踐踏和破壞道，而不是對道的遵循和信守。推行道的另一條基本原則是從實際出發，從不同人、不同具體情況出發，使道既具有「放之四海而皆準」的普遍性，又能夠適應不同個體的特殊性。此即是普遍性與特殊性相結合。

既然如此，遵行道的人就不要對人求全責備，而應該設身處地，將心比心地為他人著想，自己不願意的事，也不要施加給他人。因為，金無足赤，人無完人，不要說人家，就是自己，不也還有很多應該做到而沒有能夠做到的嗎？所以，要開展批評和自我批評，孔子從四個方面對自己的行為做了深刻的檢討，表現了「自知者明」的精神情操，無疑值得我們認真學習。

第十四章（素位）

君子素其位❶而行，不願乎其外。素富貴，行乎富貴；素貧賤，行乎貧賤；素夷狄❷，行乎夷狄；素患難，行乎患難。君子無入❸而不自得焉。在上位，不陵❹下；在下位，不援❺上。正己而不求於人，則無怨。上不怨天，下不尤❻人。故君子居易❼以俟命❽，小人行險以徼幸。

子曰：「射❾有似乎君子，失諸正鵠❿，反求諸其身。」

（右第十四章）

【注釋】❶素其位　安於平素所處的地位。素，平素，現在的意思，這裡作動詞用。❷夷狄　古代史上，中原地區的人們稱東方的民族為夷，稱北方的民族為狄。夷狄，泛指當時的少數民族。❸無入　無論處於什麼情況下。入，處於。❹陵　同「淩」。欺壓；欺侮。❺援　攀援，本指抓著東西往上爬，引申為投靠有勢力的人往上爬。❻尤　抱怨。❼居易　居於平安的地位，也就是安居現狀的意思。易，平安。❽俟命　等待天命。❾射　指射箭。❿正鵠　兩種鳥的名稱。古人在布或其他材料上畫上這兩種鳥的形象，用作射箭的靶子。畫在布上的叫正，畫在皮上的叫鵠。

【語譯】君子安於平常的地位去做應當做的事情，從來不羨慕本職以外的名利。身處於富貴的地位，就做富貴人應當做的事情；身處於貧賤的狀況，就做貧賤人應當做的事情；平素處於夷狄之境，就做在夷狄地位上所應當做的事情；平素處於患難之境的，就做在患難之中應做的事。君子無論處於什麼情況下都是安危自得的。處於上位，不欺侮在下位的人；處於下位，不攀援在上位的人。端正自己而不乞求別人，這樣就不會有什麼抱怨了。上不抱怨天，下不抱怨人。所以，君子安居平素的地位來等待天命，小人卻鋌而走險妄圖獲得非分的東西。孔子說：「君子立身處世就像射箭一樣，射不中，不怪靶子不正，只怪自己箭術不行。」

（上面一段是第十四章。）

【研　析】本章主要討論了一個「素位而行」的問題。「素位而行」類似於《大學》裡所說的「知其所止」，換句話說，叫做安守本分，也就是人們常說的——安分守己。儒家認為，每一個人都有自己的獨特地位和身分，為人處世應當安於自己的獨特地位和身分。這種安分守己是對現狀的積極適應和順從，是什麼角色，就做好什麼事，盡職盡倫，然後才能遊刃有餘，進一步積累、創造自己的價值，取得水到渠成的成功。

事實上，任何成功的追求、進取，任何幸福的人生，都是在對現狀恰如其分的適應和處置後取得的。一個不能適應現狀，在現實面前手足無措的人是很難取得成功的。儒家倫理不同於道、佛二家，它是主張入世的，這種入世的倫理同時又是建立在「知其所止」和「正名」的基礎之上的。「不在其位，不謀其政」是儒家倫理的基本信條，「君君、臣臣、父父、子子」是儒家倫理的一貫精神。

違背儒家倫理的基本信條和精神的表現即是「得隴望蜀」、「見異思遷」和「這山望到那山高」，這些「得隴望蜀」的人總是不滿足自己的現有職位，於是千方百計地向上爬，奢望高升，總是處在一種怨天尤人的境況當中。這些人無法認識「君子求諸己」和「君子坦蕩蕩」的深刻內涵，不能「素其位而行」，不能安分守己，提高自己的修養，「居易以俟命」，而是心存幻想，只知道羨慕，甚至嫉妒別人，結果是深深地陷入無休無止的勾心鬥角和無盡的煩惱之中，迷失了本性。正是基於對那些不能素位而行和知其所止的人的道德惡果的分析，儒家總是教人們知其所止和素位而行，做好與自己身分、地位相匹配的事情，安分守己，自得其樂。這一思想儘管也有某些消極的因素，但總體上看，還是有許多值得我們現代人深思和借鑒的因素，對於我們在滾滾紅塵中的立身處世亦不無啟迪的價值。

第十五章（行遠）

君子之道，辟❶如行遠，必自邇❷；辟如登高，必自卑❸。《詩》曰：「妻子好合，如鼓瑟琴。兄弟既翕，和樂且耽。宜爾室家，樂爾妻帑❹。」子曰：「父母其順矣乎！」

（右第十五章）

【注釋】❶辟　同「譬」。譬如。❷邇　近；近處。❸卑　低處。❹妻子好合六句　引自《詩經・小雅・常棣》。這是一首稱述家庭和睦、兄弟友愛的詩。妻子，妻與子。好合，和睦。鼓，彈奏。翕，和順；融洽。耽，《詩經》原作「湛」，安樂。妻帑，妻子和兒女的統稱。帑，通「孥」。子孫。

【語譯】求取君子之道的方法，就像走遠路一樣，必定要從近處開始；就像登高山一樣，必定要從低處起步。《詩經》上說：「妻子兒女感情和睦，就像彈琴鼓瑟一樣。兄弟關係融洽，和順又快樂。使你的家庭美滿，使你的妻兒幸福。」孔子讚歎說：「這樣，父母也就稱心如意了啊！」

（上面一段是第十五章。）

【研析】本章重點討論家庭倫理的和諧融洽問題。孔子特別強調家庭倫理和諧融洽的重要性，認為它是治國平天下的根本。這就如同修身養性一樣，必須從身邊的小事做起。家庭倫理處理不好，社會倫理的建設、國家倫理的整治是很難達到理想的效果的。

荀子說：「不積跬步，無以至千里；不積小流，無以成江海。」即是「行遠必自邇，登高必自卑」的意思。一切從自己做起，從自己身邊切近的地方做起。要在天下實行中庸之道，首先得和順自己的家庭。說到底，還是《大學》修、齊、治、平循序漸進的道理。

第十六章（鬼神）

子曰：「鬼神❶之為德，其盛矣乎！視之而弗見，聽之而弗聞，體物而不可遺❷。使天下之人，齊明盛服❸，以承祭祀❹，洋洋乎如在其上，如在其左右。《詩》曰：『神之格思，不可度思，矧可射思❺。』夫微之顯，誠之不可揜❻，如此夫！」

（右第十六章）

【注釋】❶鬼神　鬼，一般指已死的祖先。古代迷信者認為人死後精魂不滅，稱之為鬼。神，古代神話及宗教中所幻想的能主宰物質世界，超乎自然，具有人格和意識的精靈。❷體物而不可遺　這句話的大意為萬物無不以鬼神之氣而生，沒有遺漏。體物，生養萬物。遺，遺忘；遺漏。❸齊明盛服　在祭祀之前必須沐浴齋戒，以示虔敬。齊，同「齋」。齋戒。明，潔淨。盛服，即盛裝。❹以承祭祀　承，承當；侍奉。祭祀，指祭鬼祀神。❺神之格思三句　引自《詩經・大雅・抑》。這首詩主要是規勸周朝統治者要脩德守禮，指責某些執政者的昏庸無能。格，來臨。思，語氣詞，無意義。度，推測；揣度。矧，況且。射，厭，指厭怠不敬。❻揜　掩蓋。

【語譯】孔子說：「鬼神所具備的功德可真是大得很啊！看它也看不見，聽它也聽不到，然而，萬物無不以鬼神之氣而生長養育，所以不能將其遺忘。讓天下的人都齋戒淨心，穿著莊重整齊的服裝去祭祀它。在舉行祭祀典禮時，浩浩蕩蕩啊，鬼神就彷彿舒緩地漂浮在人們的頭上，又彷彿流動充滿在人們的身旁。《詩經》裡說：『鬼神的降臨，不可揣測，怎麼能夠厭怠不敬呢？』從隱微到顯著，至誠的德行就是這樣不可掩蓋啊！」

（上面一段是第十六章。）

【研 析】這一章藉孔子對鬼神的論述說明道無所不在，道「不可須臾離」。孔子對待鬼神的態度是很明確的，此即是「敬鬼神而遠之」。因此，孔子很少談到鬼神。孔子關心的是人的現實生活，而不是人死後的魂靈。本章孔子所談到的鬼神，其實並非是在宣揚有神論，而是在討論一種深幽精奧的德行或道的品質。朱熹《章句》引程子、張子的話來解釋孔子的鬼神觀。程子說：「鬼神，天地之功用，而造化之迹也。」張子說：「鬼神者，二氣之良能也。愚謂：以二氣言，則鬼者陰之靈也，神者陽之靈也。以一氣言，則至而伸者為神，反而歸者為鬼。其實一物而已。為德，猶言性情功效。」應該說，程子和張子對鬼神的這種解釋是深得儒家精義和要旨的。本章孔子所討論的鬼神不是專指有神論意義上的鬼神，而是照應第十二章說明「君子之道，費而隱」，廣大而又精微。道，無處不在，卻又不是一種具象的存在，看它也看不見，聽它也聽不到是「隱」，是精微；但它卻體現在萬物之中使人無法離開它，是「費」，是廣大。

作一個形象的比喻，道也好，鬼神也好，就像空氣一樣，看不見，聽不到，但卻無處不在，無時不在，任何人也不能離開它。既然如此，當然人人應該歸依和遵循道，應當像對鬼神虔誠禮拜一樣尊貴和崇拜道。只有這樣，才能真正實現「天下有道」和「人生有道」，使人類社會和個人的人生朝著文明和諧的方向發展。

第十七章（大孝）

子曰：「舜其大孝也與！德為聖人，尊為天子，富有四海之內。宗廟饗之❶，子孫保之。故大德，必得其位，必得其祿，必得其名，必得其壽。故天之生物，必因其材❷而篤❸焉。故栽者培❹之，傾者覆❺之。《詩》曰：『嘉樂君子，憲憲令德。宜民宜人，受祿于天。保佑命之，自天申之❻。』故大德者必受命。」

（右第十七章）

【注釋】❶宗廟饗之　指在宗廟裡受祭獻。宗廟，古代天子、諸侯祭祀先王、先祖的地方。鄭玄注：「廟之言貌也，死者精神不可得而見，但以生時之居，立宮室象貌為之耳。」又見《古今注》：「宗謂祖宗，廟號以祖有功而宗有德，故統稱之曰宗廟。」饗，意為用酒食款待人，這裡是說用祭品供奉祖先，一種祭祀形式。之，代詞，指舜。❷材　資質；本性。❸篤　厚，這裡指厚待。❹培　培育；栽培。❺覆　傾覆；摧敗。❻嘉樂君子六句　引自《詩經．大雅．假樂》。這是一首為周成王歌功頌德的詩。嘉樂，即《詩經》之「假樂」，「假」通「嘉」，意為美善。憲憲，《詩經》作「顯顯」，顯明興盛的樣子。令，美好。申，重申。

【語譯】孔子說：「舜該是個最孝順的人了吧？他擁有聖人的崇高品德，又擁有天子的尊貴地位，擁有整個天下的財富，並享受著宗廟裡的祭祀，子子孫孫都保持他的功業。所以有大德的人必定得到他應得的地位，必定得到他應得的財富，必定得到他應得的名聲，必定得到他應得的長壽。所以，上天生養萬物，必定根據它們的資質而厚待它們。能成材的得到培育，不能成材的就遭到淘汰。《詩經》上說：『高雅歡樂的周成王，他美德顯明放光芒。善處平民百官中，獲得天賜厚祿長。上天保佑周成王，教他福祿能久享。』所以，有崇高道德品質的人必定會承受天命而成為天下的君王。」

（上面一段是第十七章。）

【研　析】本章引述了孔子關於「孝」的觀點。在孔子看來，虞舜是最講孝道的人。正因為他最講孝道，所以他得到了唐堯的賞識和信任，也得到了人民的擁護。後來，虞舜雖然貴為天子，富有四海，他還是信守孝道，愛護人民。據傳，舜使契為司徒，教以人倫，父子有親，君臣有義，夫婦有別，長幼有序，朋友有信。孔子認為，一個人，只要具備了像虞舜那樣的孝道和德行，他就一定能夠得到他自己應該得到的名譽和地位。只要人們不斷地脩身而提高德行，「居易以俟命」，總有一天會受命於天，擔當起治國平天下的重任。到那時，名譽、地位、財富都已不在話下，應有的都會有。由此看來，儒家並不是絕對排斥功利，而只是反對那種急功近利，不安分守己的做法。換言之，儒家所強調的，是從內功練起，脩養自身，提高自身的德行和才能，然後順其自然，水到渠成地獲得自己應該獲得的一切。這其實也正是中庸之道的精神——凡事不走偏鋒，不走極端，而是循序漸進，一步一個腳印走下去，直至最後達到「極高明」的境界，成為像堯舜一樣的聖人。

第十八章（無憂）

子曰：「無憂者，其惟文王❶乎！以王季❷為父，以武王❸為子，父作之❹，子述之❺。武王纘大王、王季、文王之緒❻，壹戎衣❼而有天下，身不失天下之顯名，尊為天子，富有四海之內。宗廟饗之，子孫保之。武王末❽受命，周公❾成文武之德，追王大王、王季，上祀先公❿以天子之禮。斯禮⓫也，達⓬乎諸侯、大夫及士、庶人。父為大夫，子為士，葬以大夫，祭以士。父為士，子為大夫，葬以士，祭以大夫。期之喪⓭，達乎大夫。三年之喪，達乎天子。父母之喪，無貴賤，一也。」

（右第十八章）

【注釋】❶文王　周文王姬昌。西周開國君主古公亶父的孫子，周武王的父親。商紂時為西伯，在位五十年，國力強盛。武王姬發滅商後追贈文王。❷王季　姬季歷，古公亶父的兒子，周文王的父親。周武王滅紂後追贈王季。❸武王　西周王朝的建立者。姓姬，名發，他繼承父親文王的遺志，滅掉殷商，建立周朝，建都於鎬（今陝西西安南灃水東岸）。❹父作之　指父親王季為文王開創了事業。❺子述之　指兒子武王繼承文王的遺志，完成統一大業。述，繼承；傳承。❻武王纘大王句　大王，即太王。本名古公亶父，季歷的父親。他遷居岐下，奠定了周朝的基業。周武王滅紂後追贈太王。纘，繼承。緒，事業。❼壹戎衣　偽古文《尚書．武成》篇作「一戎衣」，傳統解釋是，穿上戎衣（甲冑之類），一舉伐紂。《尚書．康誥》作「殪戎殷」，即滅亡商朝。殪，死亡；

倒下。戎，大，或是對商的蔑稱。今學術界多認為，「一戎衣」即「殪戎殷」，「衣」通「殷」。❽末　晚年。❾周公　西周初年政治家。姓姬名旦，武王同母弟，武王死後，其子成王誦繼位，因年幼，由周公代行國政。故又稱「叔旦」，因采邑在周地（今陝西岐山北），又稱「周公」。❿先公　周在取得天下以前的歷代祖先。⓫斯禮　這種禮制。指按死者的爵位舉行葬禮，按子孫的爵位舉行祭祀之禮。⓬達　通行。⓭期之喪　守喪一週年。期，指一整年。喪，喪禮，指處理死者殮殯奠饌和跪拜哭泣的禮節，古為「凶禮」之一。

【語　譯】孔子說：「古代帝王中無憂無慮的人，大概只有周文王吧！因為他有賢明的王季做父親，有英勇的武王做兒子，父親王季為他開創了王業，兒子周武王繼承了他的遺志，完成了他所沒有完成的事業。周武王繼續太王、王季、文王的未竟事業，討伐無道的殷紂，從而取得了天下。他終身沒有失掉在天下的顯赫名聲，尊貴到擔任天子，富裕到擁有四海以內的財富。宗廟裡祭祀他，後代子孫永遠承受他的恩澤。武王到晚年接受天命統一天下，周公完成了文王和武王的道德事業，於是追封太王、王季為王，再往上推，用天子的祭禮來祭祀太王以前的先祖。這種禮制，通行到諸侯、大夫，推及到士到平民：如果父親是大夫，兒子是士，就用大夫的葬禮來埋葬父親，用士的祭禮來祭祀父親；如果父親是士，兒子是大夫，就用士的葬禮來埋葬父親，用大夫的祭禮來祭祀父親。一週年的守喪制，通行到大夫；三週年的守喪制，通行到天子。給父母守喪，沒有貴賤的區別，都是一致的。」

（上面一段是第十八章。）

【研　析】在本章中，孔子以周文王、周武王、周公旦為例，敘述了周朝發源及興盛的過程，比較好地論說了周文王無憂無慮的理由。事實上，周文王在繼承其父的基業後始終不敢懈怠，精進不息，為西周王朝的建立奠定了基礎。史載他「拘羑里演《周易》」。《周易》本身是周文王憂患意識的產物，反映文王「通天下之志，以定天下之業」的高遠追求。本章孔子所說的文王「無憂」不是指文王本人沒有憂患意識和憂慮精神，而是指文王完成了承前啟後、繼往開來的事業，為周朝的建立做出了歷史性的貢獻，可以無憂地面對歷史。

本章還以祭喪之禮論述了周禮的問題。周朝的祭喪之禮對於君臣、父子、長幼、親疏、貴賤之間的等級界限做了十分嚴格的規定。《禮記・祭統》中有：「凡治人之道，莫急於禮。禮有五經，莫重於祭。」這表明了祭喪之禮對維護古代宗法等級制度的重要性。雖然祭喪之禮有不同的規定和要求，但兒女為父母守喪則是一致的。對祭喪之禮的重視，是同儒家慎終追遠的意識密切聯繫在一起的，表明了儒家對祖先的敬重和歷史文化的敬意，這使得儒家倫理文化具有深厚的歷史積澱和歷史感，顯現出源遠流長的歷史文化特質。

第十九章（達孝）

子曰：「武王、周公，其達孝矣乎！夫孝者，善繼人之志，善述人❶之事者也。春秋❷脩其祖廟，陳其宗器❸，設其裳衣❹，薦其時食❺。宗廟之禮，所以序昭穆❻也。序爵❼，所以辨貴賤也。序事❽，所以辨賢也。

旅酬❾下為上，所以逮賤❿也。燕毛⓫，所以序齒也。踐其位，行其禮，奏其樂，敬其所尊，愛其所親，事死如事生，事亡如事存，孝之至也。郊社之禮⓬，所以事上帝也。宗廟之禮，所以祀乎⓭其先也。明乎郊社之禮、禘嘗⓮之義，治國其如示諸掌⓯乎！」

（右第十九章）

【注釋】❶人　指先人。❷春秋　一年四季的代稱。這裡指祭祖的季節。❸陳其宗器　陳列祭祀器具。陳，陳列。宗器，古代宗廟祭祀時所用的器物。❹裳衣　指祖宗生前穿過的衣服。裳，是下衣，衣是上裝。❺薦其時食　進獻祭祀應時的鮮美食品。薦，進獻；獻上。❻序昭穆　排列昭穆的順序。昭穆，宗廟中供奉祖先靈位，始祖居正中，二世、四世、六世祖居於左側，稱昭位；三世、五世、七世祖居於右側，稱穆位。❼序爵　祭祀者按官爵大小，以公、侯、卿、大夫分為四等排列先後。❽序事　按具體職務排列。事，職事。❾旅酬　古代祭畢而宴，舉杯酬賓，賓亦依次酬答，使眾人（包括地位低的人）都有機會參加宴祭之禮。旅，眾。酬，給客人回敬酒。❿賤　地位低下的人。⓫燕毛　宴飲時按毛髮顏色確定次序。燕，同「宴」。⓬郊社之禮　周代在冬至的時候，在國都南郊祭祀上天，稱之為「郊」；夏至的時候，在北郊舉行祭地的儀式，稱之為「社」。⓭乎　於。⓮禘嘗　禘，五年一次大祭，極為隆重，只有天子有權舉辦。嘗，為宗廟四時祭祀之一，在秋天舉行，以新穀物進獻祖先。《禮記．王制》：「天子諸侯宗廟之祭，春曰礿，夏曰禘，秋曰嘗，冬曰烝。」⓯示諸掌　在手掌上看某一物件，形容非常清楚明白。示，通「視」。諸，之於，「之」代表所看的物件。

【語　譯】孔子說：「周武王和周公大概是最信守孝道的人吧！所謂孝，就是善於繼承先人的遺志，善於繼續先人未竟的事業。在春秋兩季祭祀的時節，能夠修治和清掃祖宗廟宇，陳列祭祀器具，擺設出祖先遺留下來的衣裳，進獻上應時的食品。宗廟祭祀的禮儀，是為了分清左昭右穆的順序。按照爵位等級排列順序，是為了分辨貴和賤；按職務排列順序，是為了分辨賢能與不賢能。眾賓客相互敬酒，晚輩分別向長輩舉杯敬酒，是為了把孝之禮儀貫徹到位卑年幼的人中間去。宴會時依照鬚髮的黑白排定坐次，是為了顯示對老年人的尊重。人們站到按先王規定應該站的位置，舉行先王傳下的祭禮，演奏先王時代的音樂，尊敬先王所尊敬的祖先，愛護先王所親愛的子孫臣民。服事死去的祖先，就像他們活著一樣；服事離開了的祖先，就像他們在眼前一樣。這便是孝的最高表現。郊外祭天，社壇祭地，是服事上帝的禮儀。宗廟中舉行祭祀，是祭祀祖先的禮儀。能夠明白郊外祭天、社壇祭地、禘祭太祖、秋天嘗祭等的意義，那麼治理國家大概像看手掌上的東西一樣容易吧！」

（上面一段是第十九章。）

【研　析】本章緊接上章討論武王、周公之孝，認為武王、周公之孝達到了孝道的最佳境界，得到了天下人的稱道。前一章說到周武王繼承先祖遺志而建立周朝，周公輔助周成王成就了文王和武王的事業，追尊太王、王季為王，用天子的禮制來追祀祖先，並把這種禮制一直實行到諸侯、大夫以及士和庶人中間。本章結合禮制續言孝道，把孝界定為善於繼承先人的遺志，善於繼續先人未竟的事業。同時能夠在春秋兩季祭祀的時節舉行對先祖的祭祀禮儀。

本章講述了周代關於祭祀之禮的若干規定，包括排列昭穆和爵位等級的次序，實行祖先所制定的祭喪之禮，演奏祖先所留下的音樂，尊敬祖先所親愛的人等，這些祭祀之禮實際上都是孝道的表現，是圍繞孝道而制定的。在儒家看來，要履行孝道，首先必須恪守周禮，尤其是其中的祭祀之禮。這是以血緣宗法關係為基礎的禮儀，它嚴格規定了每個人在家族中和社會生活中的地位，主張區分等級次序，君君臣臣、父父子子，對不同年齡、身分的人實行不同的禮儀。

本章的最後三句揭示了祭祀天地之禮和祭祀祖先之禮的意義，認為它是維繫天下安危和國家治亂的根本。治理天下國家，需要明白郊社之禮，禘嘗之義，只有比較好地堅持祭祀之禮，才能使國家的治理變得非常容易。這一觀點，同儒家「齊家」、「治國」、「平天下」的思想是完全一致的。時至今日，雖然儒家的祭祀之禮早已廢棄不用，但儒家重視孝道的思想還是有某種值得借鑒的因素。

第二十章（問政）

哀公❶問政。子曰：「文武之政，布在方策❷。其人❸存，則其政舉；其人亡，則其政息❹。人道敏政，地道敏樹❺。夫政也者，蒲盧❻也。故為政在人，取人以身，脩身以道，脩道以仁。仁者，人也，親親為大。

義者，宜也，尊賢為大。親親之殺❼，尊賢之等，禮所生也。在下位不獲乎上，民不可得而治矣。故君子，不可以不脩身。思脩身，不可以不事親；思事親，不可以不知人；思知人，不可以不知天。」

天下之達道五，所以行之者三。曰：君臣也，父子也，夫婦也，昆弟❽也，朋友之交也。五者，天下之達道也。知、仁、勇三者，天下之達德也。所以行之者一也。或生而知之，或學而知之，或困而知之；及其知之一也。或安而行之，或利而行之，或勉強而行之；及其成功一也。子曰：「好學近乎知，力行近乎仁，知恥近乎勇。知斯三者，則知所以脩身；知所以脩身，則知所以治人；知所以治人，則知所以治天下國家矣。」

凡為天下國家有九經❾，曰：脩身也，尊賢也，親親也，敬大臣也，體❿群臣也，子庶民⓫也，來百工⓬也，柔遠人⓭也，懷諸侯⓮也。脩身則道立，尊賢則不惑，親親則諸父昆弟不怨，敬大臣則不眩，體群臣則士之報禮重，子庶民則百姓勸⑮，來百工則財用足，柔遠人則四方歸之，懷諸侯則天下畏之。齊明盛服，非禮不動，所以脩身也；去讒⑯遠色，賤貨而貴德，所以勸賢也；尊其位，重其祿，同其好惡，所以勸親親也；官盛任使⑰，所以勸大臣也；忠信重祿，所以勸士也；時使薄斂⑱，所以勸百姓也；日省月試⑲，既稟稱事⑳，所以勸百工也；送往迎來，嘉善而矜㉑不能，所以柔遠人也；繼絕世㉒，舉廢國㉓，治亂持㉔危，朝聘㉕以時，厚往而薄來，所以懷諸侯也。

凡為天下國家有九經，所以行之者一也。凡事豫㉖則立，不豫則廢。言前定，則不跲㉗；事前定，則不困；行前定，則不疚；道前定，則不窮。

在下位，不獲乎上㉘，民不可得而治矣。獲乎上有道，不信乎朋友，不獲乎上矣。信乎朋友有道，不順乎親，不信乎朋友矣。順乎親有道，反諸身不誠，不順乎親矣。誠身有道，不明乎善，不誠乎身矣。

誠者，天之道也；誠之者，人之道也。誠者，不勉而中，不思而得，從容中道，聖人也。誠之者，擇善而固執之者也。博學之，審問之，慎思之，明辨之，篤行之。有弗學，學之弗能，弗措㉙也。有弗問，問之弗知，弗措也。有弗思，思之弗得，弗措也。有弗辨，辨之弗明，弗措也。有弗行，行之弗篤，弗措也。人一能之，己百之；人十能之，己千之。果能此道矣，雖愚必明，雖柔必強。

（右第二十章）

【注釋】❶哀公　春秋時魯國國君。姓姬，名蔣，「哀」是諡號。在位二十七年，曾任用孔子為司寇和代理宰相。後來，哀公被趕走，流亡其他諸侯國。❷布在方策　布，陳述；陳列。方策，指典籍。中國古代人們把書寫用的木板稱之為「方」，把書寫用的竹片稱之為「簡」，把編起來的竹簡稱之為「策」。❸其人　那種人，指能努力維護周禮並嚴格按照周禮辦事的人。❹息　滅；消失。這裡是政治不修的意思。❺人道敏政二句　人道，是中國古代哲學中與「天道」相對的概念，這裡指以人施政的道理。敏政，即努力從事政治，搞好政事。敏，奮勉，努力從事。地道敏樹，意為用沃土種植的道理。樹，種植的意思，指栽培樹木。❻蒲盧　即蘆葦。蘆葦性柔而具有可塑性。因蘆葦容易生長，所以比喻君子從政如能得到賢臣會很快成功。❼親親之殺　愛親族要有差別。殺，降等。這裡指愛親族要按關係遠近有所分別。❽昆弟　兄和弟，也包括堂兄堂弟。昆，哥哥。❾九經　九條準則。經，常規；準則。《孟子・盡心下》：「君子反經而已矣；經正則庶民興。」❿體　體察；體恤；

體諒。⓫子庶民　以庶民為子，意為如同父母愛護兒女那樣對待庶民。子，動詞。庶民，平民。⓬來百工　來，招來；勸勉。百工，是西周時對工奴的總稱，春秋時沿用此稱，並作為各種工匠的總稱。⓭柔遠人　安撫邊遠地方來的人。柔，懷柔；安撫，引申為優待。遠人，指遠方的外族人。⓮懷諸侯　懷，安撫。此處是指對諸侯不可採取強硬手段，而要妥加安撫。⓯勸　勉力；努力。⓰讒　說別人的壞話，這裡指說壞話的人。⓱官盛任使　官盛，官屬眾多。任使，足夠使用。⓲時使薄斂　時使，指使用百姓服勞役有一定時間，不誤農時。薄斂，賦稅輕。⓳日省月試　指應經常去檢查考核。省，視察。試，考核。⓴既稟稱事　即送給別人的薪資糧米，要與工作效果相符合。稱，符合。事，工效。㉑矜　憐憫；同情。㉒繼絕世　延續已經中斷的家庭世系。絕世，已經中斷俸祿的家族世系。古代卿大夫的封邑采地，由子孫世襲。如果某一代有過失便被停止領有封邑采地，就會停止俸祿。繼絕世就是使得卿大夫的後代恢復食祿，延續世襲家族。㉓舉廢國　復興已經沒落的邦國。舉，復興。廢國，已被廢滅的邦國。㉔持　扶持；解救。㉕朝聘　諸侯定期朝見天子。每年一見叫小聘，三年一見叫大聘，五年一見叫朝聘。此處指天子主持朝聘之禮。㉖豫　同「預」。預謀。㉗跲　窒礙，說話不通暢。㉘獲乎上　獲，獲得，這裡指獲得信任。上，指位居上位的君王和大臣們。㉙弗措　不罷休。弗，不。措，停止；罷休。

【語　譯】魯哀公向孔子請教如何治理國家。孔子說：「周文王、周武王治理國家的辦法都已經記載在典籍當中。實行他們政令的那些賢人在世，國家的治理就會順暢；實行他們政令的那些賢人去世，國家的治理也就廢弛了。以賢人施政的道理在於使政治迅速昌明；以沃土植樹的道理在於使樹木迅速生長。所以說治理國家就像大地使蘆葦生長一樣，完全取決於用什麼人。國君要得到適用的人在於加強自己的品德修養，自己的品德修養在於遵循天下的大道，遵循天下大道取決於國君的仁愛之心。所謂仁就是人與人之間相互親愛，親愛親族即是最大的仁。所謂義就是事事做得適宜，而尊重賢人則是最大的義。親愛親族要分親疏，尊重賢人要有等級，這都是從禮制中產生出來的。在下位的人臣，如果不先得到國君的信任，就不能治理人民。所以，君子不能不修養品德。要修養品德，不能不侍奉親族；要侍奉親族，不能不瞭解他人；要瞭解他人，不能不知道天理。」

天下普遍通行的大道有五項，實踐這五項大道的美德有三種。君臣、父子、夫婦、兄弟、朋友之間的交往，這五項是天下的大道；智慧、仁愛、勇敢，這是天下公認的三種美德。實踐這些大道和美德的道理都是一樣的。比如說，有的人生來就知道它們，有的人通過學習才知道它們，有的人要遇到困難後才知道它們，但只要他們最終都知道了，也就是一樣的了。又比如說，有的人自覺自願地去實行它們，有的人為了某種好處才去實行它們，有的人勉勉強強地去實行，但只要他們最終都實行了，也就是一樣的了，孔子說：「喜歡學習接近智慧，努力實行接近仁愛，知道恥辱接近勇敢。知道這三點，就知道怎樣修養自己，知道怎樣修養自己，就知道怎樣管理他人，知道怎樣管理他人，就知道怎樣治理天下和國家了。」

治理天下和國家有九條基本的原則。那就是：修養自身，尊崇賢人，親愛親族，敬重大臣，體恤群臣，愛民如子，勸勉工匠，優待遠客，安撫諸侯。修養自身就能樹立良好的道德典範，尊崇賢人就不會被人事的假相所迷惑，親愛親族就不會惹得叔伯兄弟怨恨，敬重大臣遇事就不會感到手足無措，體恤群臣就會使士人們竭力報效，愛民如子就會使老百姓忠心耿耿，勸勉工匠就會使財物充足豐富，優待遠客就會使四方百姓歸順，安撫諸侯就會使天下的人信服敬畏。像齋戒那樣淨心虔誠，穿著莊重整齊的服裝，不符合禮儀的事情堅決不做，這是修養自身的表現；驅除小人，疏遠女色，看輕財物而重視德行，這是尊崇賢人的表現；尊崇親族的地位，給他們以豐厚的俸祿，與他們愛憎相一致，這是親愛親族的表現；為大臣多設屬官以供他們使用，這是敬重大臣的表現；對待士臣要講究忠誠信實，並給他們以較多的俸祿，這是鼓勵士臣為國效力的表現；使用民役不誤農時，少收賦稅，這是愛民如子的表現；經常視察考核，按勞付酬，這是勸勉工匠的表現；來時歡迎、去時歡送，嘉獎有才能的人，救濟有困難的人，這是優待遠客的表現；延續中斷俸祿的世家，復興頹敗廢滅的邦國，治理禍亂，解救危難，按時接受朝見，賞賜豐厚，納貢菲薄，這是安撫諸侯的表現。

總而言之，治理天下和國家有九條原則，但實行這些原則的道理都是一樣的，關鍵在一個「誠」字。任何事情，事先有預備就會成功，沒有預備就會失敗。說話先有預備，就不會中斷；做事先有預備，就不會受挫；行為先有預備，就不會後悔；道路預先選定，就不會走投無路。

在下位的人，如果得不到在上位的人的信任，就不可能治理好平民百姓。得到在上位的人的信任的奧秘在於，只有得到朋友的信任才能得到在上位的人信任；得到朋友的信任的奧秘在於，只有孝順父母才能得到朋友的信任；孝順父母的奧秘在於，只有使自己真誠才能孝順父母；使自己真誠的奧秘在於，只有明白什麼是善才能夠使自己真誠。

真誠是上天的原則，追求真誠是做人的原則。天生真誠的人，不用勉強就能做到，不用思考就能擁有，自然而然地符合上天的原則，這樣的人是聖人。努力做到真誠的人，就要選擇美好的目標執著追求：廣泛學習，詳細詢問，周密思考，明確辨別，切實實行。要麼不學，學了沒有學會絕不罷休；要麼不問，問了沒有懂得絕不罷休；要麼不想，想了沒有想通絕不罷休；要麼不分辨，分辨了沒有明確絕不罷休；要麼不實行，實行了沒有成效絕不罷休。別人用一分努力就能做到的，我用一百分的努力去做；別人用十分的努力做到的，我用一千分的努力去做。如果真能夠做到這樣，雖然愚笨也一定可以聰明起來，雖然柔弱也一定可以剛強起來。

（上面一段是第二十章。）

【研析】本章是《中庸》全篇的樞紐。此前各章主要是從方方面面論述中庸之道的普遍性和重要性的，這一章則從魯哀公詢問治理國家的道理引入，藉孔子的回答提出了治理天下國家與道德修養的密切關係，從而推導出天下人應當普遍遵循的五種大道、三種主要的德行、治理天下國家的九條基本原則，最後歸結到「真誠」的問題上來，並提出了做到真誠的五個具體指施。本章以後各章，就是圍繞「真誠」的問題而具體展開的。

孔子所津津樂道的美德善政是周文王、周武王所開創的治政局面。這種治政局面的形成，與他們使用並得到賢人的輔佐是密切聯繫在一起的。在孔子看來，治理天下國家最根本的在於選拔什麼樣的人才和能否得到人民的擁護。人是政治的主體和推動者。什麼樣的人執政，就會有什麼樣的政治。堯舜禹湯文武執政，於是有仁政禮治；紂王執政，於是有酒池肉林和暴君政治。真正的政治是政者正己正人的一種推擴和發展。孔子在《論語》裡曾反覆強調，「政者，正也。子率以正，孰敢不正？」又說：「為政以德，譬如北辰，居其所而眾星拱之。」可見，得人的關鍵在於國君和統治者能夠重視和加強自身的道德修養。文武周公之所以能得到賢人的輔佐與他們加強自身的道德修養有著直接內在的關聯，他們的道德修養貫徹了仁愛的原則和精神。他們不僅能夠做從次，尊賢人尊得有等次，尊賢人而且使愛親族愛得有差別，並且還能尊敬賢能的人，到親愛自己的親族，而且還能尊敬賢能的人，並且使愛親族愛得有差別，尊賢人尊得有等次，從而做到禮的要求。禮是一種社會的政治制度和社會秩序，禮治即是一種美德化的善政和德治。推行禮治和德治的關鍵在於國君和統治者能夠加強和重視自身的道德修養。國君和統治者加強和重視自身的道德修養，就能夠贏得人民的尊敬和擁護，就能夠使自己的統治達到一種德化萬民的境界，使國家政治清明，天下安定太平。

圍繞德治的問題，孔子比較系統地提出了「五達道」、「三達德」和「九經」等的倫理道德體系，並認為治理國家天下能夠遵循「五達道」、「三達德」和「九經」等的要求，就完全可以達到使天下運於掌的目標，實現文武所開創的美德善政。「五達道」是指處理五種基本的人際關係（指君臣、父子、夫妻、兄弟和朋友）所必須遵循的道理和原則。「三達德」是指人們必須具備的三種基本的道德品質和德行，即智慧、仁愛、勇敢。「九經」是治理國家的九條基本的原則和規範，此即修身、尊賢、親親、敬大臣、體群臣、子庶民、來百工、柔遠人、懷諸侯。在孔子看來，修養品德就能樹立起良好的道德典範，尊重賢人就不會被人事的假相所迷惑，親愛家族就不會使叔伯兄弟之間產生怨恨，敬重大臣就不會使國家的治理產生混亂，體恤群臣就會得到群臣的擁護與回報，愛護百姓就會使他們更加努力勤奮，勸勉工匠就會激發他們的創造力和勞動熱情使物質財富充分湧流，優待遠方來的賓客就會使四方的人們自願歸順，安撫諸侯就會使天下的英雄豪傑信服敬畏。治理國家，平定天下，如果能有效地貫徹「五達道」、「三達德」和「九經」，就會達到理想的目標，造成如同堯舜和文武周公在世一樣的盛世。

孔子還特別談到了治理國家需要事先有準備和防範，提出了「凡事豫則立，不豫則廢」的思想，認為無論做什麼事情如果事先缺乏必要的準備就不可能取得成功。說話事先有準備就不會失言，做事事先有準備就不會有困難。人們在事先掌握了道就會無所不通。這與他在《論語・衛靈公》中所說的「人無遠慮，必有近憂」相近，都是未雨綢繆，防患於未然，具有深刻的哲學內涵和倫理學價值，值得我們好好地領會並將其貫徹到實際生活中去，而不僅僅適用於政治生活領域。

本章最後說到修養品德必須做到真誠，並把真誠視為天道，把做到真誠視為人道，提出了「擇善固執」和「博學之，審問之，慎思之，明辨之，篤行之」等命題和思想，如果說「擇善固執」是綱，是美好的目標和對美好的目標的執著追求，那麼「博學、審問、慎思、明辨、篤行」則是目，是追求的手段，至於「弗措」的精神，「人一能之，己百之；人十能之，己千之」的態度，則都是執著的體現。「弗措」的精神，也就是《荀子・勸學》裡的名言「鍥而舍之，朽木不折；鍥而不舍，金石可鏤」的精神；「人一能之，己百之；人十能之，己千之」的態度，也就是俗語所說的「笨鳥先飛」的態度，龜兔賽跑寓言裡最後獲勝的烏龜的態度。其實，無論是綱還是目，也無論是精神還是態度，都絕不僅僅適用於對真誠的追求，舉凡學習、工作、生活的方方面面，抓住這樣的綱，張開這樣的目，堅持這樣的精神與態度，有什麼樣的困難不能克服，有什麼樣的成功不能取得呢？本章一再強調真誠的巨大作用，就是希望人們按照真誠的原則來明善修德，光大和弘揚先秦儒家的倫理道德觀念。

總之，本章內容豐富而涵蓋面廣，與《大學》中的思想有異曲同工之妙，幾乎涉及到《大學》格、致、誠、正、修、齊、治、平的各個環節，值得我們給以特別的重視和全面的把握。瞭解了《中庸》的這一章，也就等於瞭解了《中庸》的價值目標和基本精神。

第二十一章（誠明）

自誠明❶，謂之性；自明誠❷，謂之教。誠則明矣，明則誠矣。

（右第二十一章。子思承上章夫子天道人道之意而立言也。自此以下十二章，皆子思之言，以反復推明此章之意。）

【注釋】❶自誠明　指自天生的真誠而明白道理。自，從；由。明，明白。❷自明誠　指由明曉道理而達到內心真誠。

【語譯】由內心真誠達到明白道理，這叫做天性；由明白道理後做到內心真誠，這叫做教化。內心真誠就會明白道理，明白道理後也就會做到內心真誠。

（上面一段是第二十一章，是子思承接上章孔子所說天道人道的旨意而立說的。從這以後的十二章，都是子思說的言語，用以反覆推論闡明這一章的意思。）

【研析】本章承接上章，繼續討論有關真誠的問題，並提出了「誠明合一」的命題。朱熹在《章句》中寫道：「德無不實，而明無不照者，聖人之德，所性而有者也，天道也。先明乎善，而後能實其善者，賢人之學，由教而入者也，人道也。誠則無不明矣，明則可以至於誠矣。」王夫之《四書訓義》有：「自其所執者而言則曰誠，自其能擇者而言則曰明」之說，認為「自誠明」的是「聖人」，他們天生就具備真誠的德性，因而自然明白「善」的真諦。「自明誠」的是賢人，他們經過後天的教化也會明白善德，具有真誠的德性。因此，無論是天性還是後天的教化，只要做到了真誠，二者也就合一了。真誠的內容就是要發揚個人內心深處的善性，成為具有真心誠意講求倫理道德的人。

第二十二章（盡性）

唯天下至誠，為能盡其性❶；能盡其性，則能盡人之性；能盡人之性，則能盡物之性；能盡物之性，則可以贊❷天地之化育❸；可以贊天地之化育，則可以與天地參❹矣。

（右第二十二章）

【注　釋】❶盡其性　充分發揮自己天賦的本性。鄭玄注：「盡性者，謂順理之使不失其所也。」儒家認為，人與萬物的本性，都包含著「天理」。只有至誠的聖人，才能充分發揮自己以及一切人的本性。❷贊　贊助。❸化育　化生和養育。❹與天地參　與天地並列為三。參，並列；並立。

【語　譯】只有天下最真誠的人，才能充分發揮天賦的本性；能充分發揮天賦的本性，就能充分發揮天下眾人的本性；能充分發揮天下眾人的本性，就能充分發揮萬物的本性；能充分發揮萬物的本性，就可以贊助天地養育萬物；能贊助天地養育萬物，就可以與天地並列為三了。

（上面一段是第二十二章。）

【研析】本章是對上章「自誠明」的進一步闡釋和說明。它用五個排比句，層層深入，從個人的至誠，一直推論到「與天地參」。真誠者只有首先對自己真誠，充分發揮自己天賦的德性，然後才能對全人類真誠，對天地萬物真誠，使自己立於與天地並列為三的不朽地位。這種思想是儒家道德主體性的集中表現，反映著以孔子為代表的儒家對個人道德修養的高度重視，和用道德手段來連接天地、化育萬物的基本觀點。這種思想雖然有誇大個人道德修養作用之嫌，但它對真誠意義的強調，對於當今時代的道德建設，還是有一定借鑒價值的。

第二十三章（致曲）

其次致曲❶。曲能有誠，誠則形❷，形則著❸，著則明❹，明則動，動則變，變則化❺。唯天下至誠為能化。

（右第二十三章）

【注釋】❶其次致曲　其次，次一等的人，即次於「自誠明」的聖人的人，也就是賢人。致曲，指從平日一言一行著手，推究出細微事物的道理。致，推致。曲，細小的事。❷形　顯露；表現。❸著　顯著。❹明　光明；明亮。❺化　即感化。指使人不自覺地改惡從善。

【語　譯】那些次於聖人的賢人從細微處入手推究道理。從細微處入手也能做到真誠，達到真誠就會表現出來，表現出來就會逐漸顯著，逐漸顯著就會光輝明亮，光輝明亮就會感動人心，感動人心就會引起人自身的轉變，引起人自身的轉變就能化育萬物。只有天下最真誠的人能化育萬物。

（上面一段為第二十三章。）

【研　析】這一章承接上一章「自明誠」的觀點作進一步的解釋和論證。上一章說的是天生至誠的聖人，這一章說的是比聖人次一等的賢人。換句話說，聖人是「自誠明」，天生就真誠的人，賢人則是「自明誠」，通過後天教育明白道理後才真誠的人。在儒家學者看來，除了「聖人」可以贊天地之化育外，其他人也不是無所作為，只要他們能夠做到「致曲」，即在細小的事情上下功夫，通過「內省」使小事上的善端擴展開來，通過「形、著、明、動、變、化」的階段，同樣可以一步一步地達到聖人的境界：化育萬物，與天地並列為三。

在勸人真誠的問題上，《中庸》真可以說是苦口婆心，不遺餘力的了。

第二十四章（前知）

至誠之道，可以前知❶。國家將興，必有禎祥❷；國家將亡，必有妖孽❸。見乎蓍龜❹，動乎四體❺。禍福將至，善，必先知之；不善，必先知之。故至誠如神❻。

（右第二十四章）

【注　釋】❶可以前知　可以預知未來。❷禎祥　吉祥的預兆。本有今無的物象稱禎，本無今有的物象稱祥。❸妖孽　物類反常的現象。草木之類的怪物稱妖，蟲豸之類的怪物稱孽。❹見乎蓍龜　從蓍草和龜甲的占卜中發現。古代用蓍草和龜甲來占卜吉凶如何。《易・繫辭上》：「探賾索隱，鉤深致遠，以定天下之吉凶，成天下之亹亹者，莫大乎蓍龜。」見，呈現。蓍龜，蓍草和龜甲，用來占卜。蓍，一種多年生草本植物，因其壽命較長，被古人稱為神物，用其莖進行占卜，叫做筮。龜是一種爬行動物。因其壽命較長，也被古人視為神物，用其甲進行占卜。❺動乎四體　指從人們的儀表、動作中察覺。四體，四肢；手足，指動作儀態。❻如神　如神一樣微妙，不可言說。

【語　譯】最高境界的真誠可以預知未來的事。國家將要興旺，必然有吉祥的徵兆出現；國家將要衰亡，必然有不祥的反常現象。吉凶之兆可以通過占卜的蓍草和龜甲之上表現出來，也可以從人的四體之中表現出來。禍福將要來臨時，是福可以預先知道，是禍也可以預先知道。所以最高境界的真誠就像神靈一樣微妙。

（上面一段為第二十四章。）

【研　析】道不在奧，心正則神。德不在玄，意誠則靈。心正意誠到能預知未來吉凶禍福的程度，可能就不是一般人能達到的境界了。

至於「國家將興，必有禎祥；國家將亡，必有妖孽」的現象，歷代的正史野史記載可以說是比比皆是，不勝枚舉。你說它是迷信也罷，說它是無稽之談也罷，反正不僅一般人津津樂道，就是正統儒學的經典，也同樣認為這種現象「見乎蓍龜，動乎四體」。其實，撩開神秘的面紗，此處的意思不外乎是說，由於心靈達到了至誠的境界，不被私心雜念所迷惑，就能洞悉世間萬物的根本規律，因此而能夠預知未來的吉凶禍福、國家的興亡盛衰。這種觀點，無非是想借助真誠的出神入化功用，來喚起人們的修身養性的熱情，並通過修身養性的功夫達到至誠的境界。

第二十五章（自成）

誠者，自成❶也；而道，自道❷也。誠者，物之終始，不誠無物。是故君子誠之為貴。誠者，非自成己而已❸也，所以成物也。成己，仁也；成物，知也。性之德也，合外內之道也，故時措❹之宜也。

（右第二十五章）

【注釋】❶自成　自我成全，也就是自我完善的意思。❷自道　自我引導。道，同「導」。引導。❸非自成己而已　並非只是成全自己就夠了。已，中止。❹措　實施；施行。

【語譯】真誠是用以自己成全自己的，而道則是用以自己引導自己的。真誠貫穿萬事萬物的始終，沒有真誠就沒有萬事萬物。因此君子把真誠看得非常珍貴。真誠並不只是自己成全自己就夠了，還要成全萬事萬物。自己成全自己是仁義，成全萬事萬物是智慧。仁義和智慧是出於本性的德行，是結合了天地內外的道理，所以任何時候施行都是適宜的。

（上面一段是第二十五章。）

【研　析】本章繼續闡發「誠」的微言大義。在儒家看來，誠貫穿於天地萬物的始終，「不誠無物」，誠是無時不在、無處不在的。真誠從大的方面來說，是事物的根本規律，是事物的發端和歸宿；從小的方面來說，是個體自我的內心完善。所以，要修養真誠就必須做到物我同一，天人合一。而要做到這一點既要靠學習來理解，又要靠實踐來實現。因此，仁愛和智慧都是不可缺少的。

這裡最值得注意的是真誠的外化問題，也就是說，真誠不僅僅像我們一般所理解的是一種主觀內在的品質，自我的道德完善，而是還要外化到他人和一切事物當中去。誠是把外物與人的內心相結合的原則，是仁智相結合的母德，是至高無上的道德價值目標。誠兼具內聖與外王的功能，是天人合一的最佳體現。因此，需要我們認真學習，好好領會，並將其付諸實踐，身體力行。

第二十六章（無息）

故至誠無息❶。不息則久，久則徵❷，徵則悠遠，悠遠則博厚，博厚則高明。博厚所以載物也，高明所以覆物也，悠久所以成物也。博厚配地，高明配天，悠久無疆❸。如此者，不見而章❹，不動而變，無為而成。

天地之道，可一言❺而盡也，其為物不貳❻，則其生物不測。天地之道，博也，厚也，高也，明也，悠也，久也。今夫天，斯昭昭之多❼，及其無窮也，日月星辰繫焉，萬物覆焉。今夫地，一撮土之多，及其廣厚，載華嶽❽而不重，振❾河海而不洩，萬物載焉。今夫山，一卷石❿之多，及其廣大，草木生之，禽獸居之，寶藏興焉。今夫水，一勺之多，及其不測⓫，黿鼉蛟龍魚鱉⓬生焉，貨財殖焉。

《詩》云：「維天之命，於穆不已⓭！」蓋曰天之所以為天也。「於乎不顯⓮，文王之德之純！」蓋曰文王之所以為文也，純亦不已。

（右第二十六章）

【注釋】❶息　止息；休止。❷徵　徵驗；證明；效驗。❸無疆　無窮無盡。❹不見而章　見，顯現。章，即「彰」，彰明。❺一言　即一字，指「誠」字。❻不貳　誠是忠誠如一，所以不貳。❼斯昭昭之多　指此天由小小的明亮所積累。斯，此。昭昭，光明；明亮。❽華嶽　即西嶽華山。為五嶽之一，在今陝西東部。❾振收攏；收蓄；聚積。鄭玄注：「振，猶收也。」此處引申為收容的意思。❿一卷石　言山由小小石塊積累而成。一卷石，一拳頭大的小塊石頭。卷，通「拳」。⓫不測　不可測度，指浩瀚無涯。⓬黿鼉蛟龍魚鼈　黿，烏龜一類的水生爬行動物，也稱綠團魚，背甲近圓形，暗綠色。鼉，鱷魚的一種，也稱揚子鱷，爬行動物，背褐色，有六橫列角質鱗。蛟，古代傳說中屬龍一類的動物，據說能引發大水。龍，古代傳說中一種有鬚有鱗能興雲作雨的神異動物。鼈，也稱團魚、甲魚，俗稱「腳魚」。背甲橄欖色。⓭維天之命二句　兩句詩均引自《詩經・周頌・維天之命》。這首詩是祭祀周文王的樂歌。維，語氣詞。於，語氣詞。穆，深遠。不已，無窮。⓮不顯　不，通「丕」。即大。顯，即明顯。

【語　譯】所以說，至誠是不會停息間斷的。永不停息間斷就會長久流傳，長久流傳就會有效驗，有效驗就會悠遠無窮，悠遠無窮就會廣博深厚，廣博深厚就會崇高光明。廣博深厚，就可以容納承載萬物；崇高光明，就可以覆蓋普照萬物；悠遠無窮，就可以生成化育萬物。廣博深厚與大地相配，高大光明與天空相比，悠遠無窮就像天地那樣無邊無際。能夠達到這樣的境界，不顯示也會彰明昭著，不行動也會使外界發生變化，不刻意追求什麼也會取得成功。

天地的大道，可以用一句話加以概括，即它自身誠一不二，所以能生育萬物，神妙莫測。天地的大道，真是廣博無疆、深厚無比、高大無極、光明無際、悠遠無涯、長久無止！今天我們所說的天，原本不過是由一點一點的光明聚積起來的，可等到它無邊無際時，日月星辰都靠它維繫，世界萬物都靠它覆蓋。今天我們所說的地，原本不過是由一撮土一撮土聚積起來的，可等到它廣博深厚時，承載像華山那樣的崇山峻嶺也不覺得重，容納那眾多的江河湖海也不會洩漏，世間萬物都由它承載了。今天我們所說的山，原本不過是由拳頭大的石塊聚積起來的，可等到它高大無比時，草木在上面生長，禽獸在上面居住，寶藏在上面儲藏。今天我們所說的水，原本不過是一勺一勺聚積起來的，可等到它浩瀚無涯時，烏龜鱷魚蛟龍魚類鱉類等都在裡面生長，珍珠珊瑚等有值價的東西都在裡面繁殖。

《詩經》說：「只有上天的定理，深遠而且永遠無窮無盡！」這大概就是說的天之所以為天的原因吧。「多麼顯赫光明啊，文王的品德純真無二！」這大概就是說的文王之所以被稱為「文」王的原因吧。純潔真誠也會永遠無窮無盡。

（上面一段是第二十六章。）

【研　析】本章討論至誠永不停息的特質和效用。在儒家看來，至誠的廣博深厚，可以與大地相匹配；崇高光明，可以與上天相匹配；悠遠無窮，可以與天地相匹配。至誠可以載物、覆物和成物。天地之道，如果用一個字來概括，那就是一個「誠」字。天地之道本身就誠一不二，所以它能夠承載萬物，覆蓋萬物，生成萬物。

本章在此基礎上討論了天地之道的至誠不息，深刻地揭示了這種至誠不息的功能和效用。同時論述了道德上的修煉須沿著至誠不息的方向發展，以達到純潔真誠的境界。至誠不息，是一種永遠奮發有為的道德精神，它與《易經》所言的「自強不息」有異曲同工之妙。它要求人們在道德的追求和修養上永遠不知滿足，生命不息，戰鬥不止，最後由真誠的追求而達到與天地並列為三的終極目的。這使人非常自然地想到詩人屈原在〈橘頌〉裡的詠歎：「秉德無私，參天地兮！」至誠不息，雖然是理想主義和英雄主義的追求，但它卻通過細微處的修煉顯示出現實主義和平民主義的意蘊，體現了《中庸》「極高明而道中庸」的品德和精神。

第二十七章（大哉）

大哉聖人之道！洋洋乎❶發育萬物，峻極於天。優優❷大哉！禮儀❸三百，威儀❹三千。待其人❺而後行。故曰：苟不至德❻，至道不凝❼焉。故君子尊德性而道問學❽，致廣大而盡精微，極高明而道中庸。溫故而知新，敦厚以崇禮。是故居上不驕，為下不倍❾。國有道，其言足以興；國無道，其默足以容❿。《詩》曰：「既明且哲，以保其身⓫。」其此之謂與？

（右第二十七章）

【注釋】❶洋洋乎　盛大，浩瀚無邊，含有充滿美好的意思。❷優優　充足有餘。❸禮儀　古代禮節的主要規則，又稱經禮。❹威儀　古代典禮中的動作規範及待人接物的禮節，又稱曲禮。❺其人　指聖人。❻苟不至德　如果沒有崇高的德行。苟，如果。❼凝　凝聚，引申為成功。❽問學　詢問及學習。❾倍　通「背」。背棄；背叛。❿容　容身，指保全自己。⓫既明且哲二句　引自《詩經．大雅．烝民》。這是一首歌頌仲山甫（周宣王的臣子）的詩。哲，智慧，指通達事理。

【語　譯】真是偉大啊，聖人的道！它是那麼浩瀚無邊，生養萬物，與天一樣崇高；真是豐富啊，禮儀三百條，威儀三千項。這些豐富的禮儀和威儀要等到聖人出現後才能實行。所以說，如果達不到崇高的德行，就不能成就極高的道。因此，君子尊崇道德修養而追求知識學問；致力於廣博境界的追求而又潛心鑽研精細微妙之處；窮盡心志去達到高明峻偉的境界而又奉行中正平庸的中庸之道。溫習已經瞭解的道理，又不斷去獲得新知識；誠心誠意地做人同時又崇奉各種禮儀。所以他身居高位而不驕傲，身居低位而不自棄。國家政治清明時，他的言論足以振興國家；國家政治黑暗時，他的沉默足以保全自己。《詩經》說：「既明智又通達事理，可以保全自身。」大概就是說的這個意思吧？

（上面一段是第二十七章。）

【研　析】本章在繼續盛讚聖人之道的基礎上，提出了兩個重要的理論和實踐問題。

首先是修養德行以適應聖人之道的問題。因為沒有極高的德行，就不能成就極高的道，所以君子應該尊崇道德修養而追求知識學問；致力於廣博境界的追求而又潛心鑽研精細微妙之處；窮盡心志去達到高明峻偉的境界而又奉行中正平庸的中庸之道。溫習已經瞭解的道理，又不斷去獲得新知識；誠心誠意地做人同時又崇奉各種禮儀。朱熹認為，這五句「大小相資，首尾相應」，最得聖賢精神，要求學者盡心盡意研習。其實，五句所論不外乎尊崇道德修養和追求知識學問這兩個方面，用我們今天的話來說，也就是「德育」和「智育」的問題或德才兼備的問題。真正意義上的德性並不反對學問，真正意義上的學問也離不開德性。因此，君子應該在尊崇德性的基礎上認真地探求學問，以使德性獲得智慧的支撐，使智慧獲得德性的引導。

其次是尊德性而道問學的實現條件問題。有了德、智兩方面的修養，是不是就可以通行無阻地實現聖人之道了呢？問題當然不是如此簡單。德智方面的修養是主觀方面的準備，而實現聖人之道還有賴於客觀現實方面的條件。客觀現實條件具備當然就可以大行其道，客觀現實條件不具備又應該怎樣做呢？這就需要「居上不驕，為下不倍」，身居高位不驕傲，身居低位不自棄，真正做到孟子所說的「富貴不能淫，貧賤不能移，威武不能屈」（《孟子．滕文公下》）。至於「國有道，其言足以興；國無道，其默足以容」的態度，則是與孟子所說的「窮則獨善其身，達則兼善天下」（《孟子．盡心上》）如出一轍，都是對於現實政治和社會生活的一種處置，一種適應。反過來說，也就是一種安身立命，進退仕途的藝術。儒家人物大多主張積極入世的思想，他們反對以消極無為的態度為政處世，認為人應當「為天地立心，為生民立命，為往聖繼絕學，為萬世開太平」，為國家的治理和天下的平定做出自己的貢獻。但是，當國家無道、昏君當政的時候，聖人君子無法施展自己的抱負和才能，在這種情況下，就要有所變通，以保全自己免遭禍患，能屈能伸，做到「獨善其身」。國家無道情境下的「獨善其身」，雖然很難達到，但卻是極有意義的人格追求，是儒家面對惡劣形勢所設計的最佳路徑。

第二十八章（自用）

子曰：「愚而好自用❶，賤而好自專❷，生乎今之世，反❸古之道。如此者，裁及其身者也。」非天子，不議禮，不制度❹，不考文❺。今天下車同軌，書同文，行同倫❻。雖有其位，苟無其德，不敢作禮樂焉。雖有其德，苟無其位，亦不敢作禮樂焉。子曰：「吾說夏禮❼，杞❽不足徵❾也。吾學殷禮❿，有宋⓫存焉。吾學周禮⓬，今用之，吾從周⓭。」

（右第二十八章）

【注　釋】❶自用　憑自己主觀意圖行事，自以為是，不聽別人意見，即剛愎自用的意思。❷自專　按自己的主觀意志獨斷專行。❸反　通「返」。引申為恢復。❹制度　在這裡作動詞用，指制訂法度。❺考文　考訂文字規範。❻車同軌三句　車同軌指各種車子輪距的量度一樣；書同文指書寫的是同樣的文字；行同倫指待人處世遵守同樣的倫理道德規範。這種情況是秦始皇統一六國後才出現的，據此知道《中庸》有些章節的確是秦代以後的儒者所增加的。❼夏禮　夏朝的禮制。夏朝，約西元前二二〇五年至前一七七六年，傳說是禹建立的。❽杞　國名，傳說是周武王封夏禹的後代於此，故城在今河南杞縣。❾徵　驗證。❿殷禮　殷朝的禮制。商朝從盤庚遷都至殷（今河南安陽）到紂亡國，一般稱為殷代，整個商朝也稱商殷或殷商。⓫宋　國名，商湯的後代居於此，故城在今河南商丘南。⓬周禮　周朝的禮制，是儒家贊成恢復的理想的社會制度。⓭吾從周　我遵從周禮。孔子說的這一小段話也散見於《論語・八佾》、《論語・為政》。

【語　譯】孔子說：「愚昧卻喜歡自以為是，卑賤卻喜歡獨斷專行。生於現在的時代，卻一心想回復到古代去。這樣做，災禍一定會降臨到自己的身上。」不是天子就不要議論禮樂，不要制訂禮儀法度，不要考訂文字規範。現在天下統一，車輪間的距離相同，書寫的文字統一，實行的倫理道德也相同。因此，雖然有天子的地位，如果沒有聖人的品德，是不敢輕易制作禮樂制度的；雖然有聖人的品德，如果沒有天子的地位，也是不敢貿然制作禮樂制度的。孔子說：「我解說夏朝的禮制，夏的後裔杞國已不足以驗證它；我學習殷朝的禮制，殷的後裔宋國還殘存著它；我學習周朝的禮制，現在還實行著它，所以我遵從周禮。」

（上面一段是第二十八章。）

【研　析】本章承接上一章發揮「為下不倍（背）」的觀點。作者藉孔子的話明確地表示反對自以為是、獨斷專行的思想和行動，同時也包含有「不在其位，不謀其政」（《論語·泰伯》）的意思。肯定制禮作樂是既需要相應的地位又需要相應的品德的。光有天子的地位沒有聖人的品德不能制禮作樂，光有聖人的品德沒有天子的地位也不能制禮作樂。制禮作樂既需要天子的地位又需要聖人的品德，亦即內在素質和外在地位的有機統一。如果既沒有相應的地位又沒有相應的品德那是不應該談論制禮作樂一類的事情的。儒家十分推崇素位而行，主張安分守己，把正名當作遵循倫理道德的重要內容。

依據本章的思想，可以發見孔子並不是一般人所認為的復古主義者。孔子明確地表示反對那種生於現在的時代卻一心想回復到古代去的人，認為這樣做，災禍一定會降臨到自己的身上。也許，有人會用《論語》中孔子所說的「克己復禮」的話來說明孔子是復古主義的代表。但是，我們要說，孔子所要復的禮，恰好是那種「今用之」的「周禮」，而不是「古之道」的「夏禮」和「殷禮」。因為復禮已不可考，而殷禮雖然還在它的後裔宋國那裡殘存著，但畢竟也已是過去的了。所以，從本章所引孔子的兩段話來看，的確不能簡單隨意地給他扣上「拉歷史倒車」的復古主義者帽子。

第二十九章（三重）

王天下有三重焉❶，其寡過矣乎！上焉者❷，雖善無徵，無徵不信，不信民弗從。下焉者❸，雖善不尊，不尊不信，不信民弗從。故君子之道，本諸身，徵諸庶民，考諸三王而不繆❹，建諸天地而不悖❺，質諸鬼神而無疑❻，百世以俟❼聖人而不惑。質諸鬼神而無疑，知天也；百世以俟聖人而不惑，知人也。是故君子動而世為天下道❽，行而世為天下法，言而世為天下則。遠之則有望❾，近之則不厭。《詩》曰：「在彼無惡，在此無射。庶幾夙夜，以永終譽❿。」君子未有不如此，而蚤⓫

有譽於天下者也。

（右第二十九章）

【注　釋】❶王天下有三重焉　王，作動詞用，王天下即在天下做王的意思，也就是統治天下。三重，即上一章所說的三件重要的事：議禮、制度、考文。❷上焉者　指在上位的人，即君王。❸下焉者　指在下位的人，即臣下。❹考諸三王而不繆　意為君子之道符合古代三位君王立下的法則。三王，指夏禹、商湯、周文王三朝君王。繆，通「謬」。錯誤。❺建諸天地而不悖　指君子之道符合天地之道。建，立。悖，違背。❻質諸鬼神而無疑　《中庸》認為鬼神無疑，即是符合天道。質，質詢；詢問。❼俟　等待。❽道　通「導」。先導。❾望　威望。❿在彼無惡四句　引自《詩經・周頌・振鷺》。這首詩是周王設宴招待來朝的諸侯時，在宴會唱的樂歌。一說這是一首讚美宋國微子的詩。在彼無惡，意為諸侯勤於政事，本國無人憎惡。彼，諸侯所在國。在此無射，意為諸侯來到朝廷朝見天子，朝廷裡沒有人厭恨他。射，《詩經》本作「斁」，厭棄的意思。庶幾夙夜，意為各諸侯早起晚睡，勤於政事。庶幾，幾乎。夙夜，早晚。夙，早。以永終譽，意為各諸侯能長久受到眾人的稱讚。⓫蚤　通「早」。

【語　譯】在天下推行王道應當做好三件事情（即議禮、制度、考文），如果能夠做好這三件事情，那麼也就沒有什麼大的過失了吧！處在上位的人，雖然行為品德完善，但如果沒有通過禮制等表現出來，就沒有威信；沒有威信，老百姓就不會服從。處在下位的人，雖然品德完善，但如果沒有尊貴的地位，也不能建立自己的威信，沒有威信，老百姓就不會聽從。所以君子治理天下應該以自身的德行為根本，並從老百姓那裡得到驗證。要用夏、商、周三代聖王的標準加以考察而沒有謬誤，立於天地之間而沒有悖亂，質詢於鬼神而沒有可疑，百世以後待到聖人出現也沒有什麼不理解的地方。質詢於鬼神而沒有可疑的地方，這是瞭解天意；百世以後待到聖人出現也沒有什麼不理解的地方，這是知道人意。所以君子的舉止能世世代代成為天下的典範，行為能世世代代成為天下的法度，語言能世世代代成為天下的準則。離得遠的人對君子能產生仰慕之心，離得近的人對君子也不會有厭惡之意。《詩經》上說：「諸侯在邦無人憎，在朝也不遭人恨。早起晚睡勤政事，眾人稱讚美名存。」君子沒有不這樣做而能夠早早在天下獲得名望的。

（上面一段是第二十九章。）

【研析】這一章承接上章的內容，繼續討論治國安邦的問題，要求國君王天下必須做好議禮、制度、考文三件事情，同時把尊貴的地位和高尚的品德有機地結合起來，以自身的德行為根本，並從老百姓那裡獲得檢驗。在儒家看來，當政者不僅要有好的德行修養，而且要有行為實踐的驗證，才能取信於民，使人聽從。這就好比我們今天要求政府為老百姓辦實事一樣。政府官員只有把善良的德性落實到為民謀利和為民服務的實際行動中去，才能夠真正贏得人民群眾的擁護和愛戴，使之「遠之則有望，近之則不厭」，成為老百姓的典範和學習的榜樣。

本章特別強調「本諸身，徵諸庶民」的實踐觀點，強調當政者應以自身的德行為根本，並從老百姓那裡得到驗證。這是主觀與客觀的結合，理論與實踐的統一。儒家倡導為政以德，要求當政者率先垂範，做民眾的表率，力求其舉止成為民眾的先導，行為成為民眾的法度，語言成為民眾的準則。此處蘊含著儒者對偉大與崇高的嚮往和對不朽的渴望。也就是中國古代知識分子所崇奉的立德、立功、立言三不朽的追求。

此外，本章也多處談到了認識、瞭解天道和人事的價值的問題，認為質詢於鬼神而沒有可疑的地方，這是瞭解天意；百世以後待到聖人出現也沒有什麼不理解的地方，這是知道人意。這種瞭解是一種大智慧，能夠洞察天地萬物的本質和人事的規律。堅定不移的行動和實踐常常以深刻的認識和覺悟為前提，為動力。深刻的認識和覺悟，不僅是智慧美德的表現，而且也是仁愛和勇敢美德所要求和所依託的。因為，仁愛要求對所愛的事物和對象有一種由瞭解而形成的情感，勇敢本身是知恥的表現。瞭解天意和瞭解人意，才能夠真正在行動上有的放矢，突出重點，以使行動取得應有的效果。君子的聲名是建立在勤於政事和為民服務的基礎之上的。只有夙興夜寐的為民勞作，才有可能永遠保持美好的聲名。

第三十章（祖述）

仲尼祖述❶堯舜，憲章文武❷，上律天時，下襲❸水土。辟如天地之無不持載，無不覆幬❹。辟如四時之錯行❺，如日月之代明❻。萬物並育而不相害，道並行而不相悖，小德川流，大德敦化❼。此天地之所以為大也！

（右第三十章）

【注　釋】❶祖述　效法、遵循前人的行為或學說。❷憲章文武　指效法周文王和周武王的典章制度。憲章，遵從；效法。❸襲　與上文的「律」近義，都是符合的意思。❹無不覆幬　是說沒有什麼不能覆蓋。覆幬，覆蓋；遮蓋。❺錯行　交錯運行，流動不息。❻代明　交替光明，循環變化。❼敦化　使萬物敦厚純樸。

【語　譯】孔子遵循堯舜二帝的傳統，效法周文王和周武王的典章。上遵循天時的變化，下符合地理的規律。就像天地那樣沒有什麼事物不能承載，沒有什麼東西不能覆蓋。又好像四季的交錯運行，日月的交替光明。萬事萬物共同養育於天地之間而不互相侵害，各行其道而不互相衝突。小的德行如溪水一樣長流不息，大的德行使萬物敦厚純樸。這就是天地的偉大之處啊！

（上面一段是第三十章。）

【研　析】在儒家的道德觀念中，堯舜禹湯文武周公等都是聖人，他們是道統的化身，理想的人格。他們集立德、立功、立言於一身，不僅是萬世的楷模，而且也是中華典章文物制度的創立者，中華倫理文明的奠基人和開創者。孔子作為聖人，就在於他能夠祖述堯舜，憲章文武，將中華倫理文明承繼下來，並予以光大弘揚。在本章裡，作者對堯舜禹湯文武周公的德功評價很高，認為這是上順天時、下合地理的崇高德行。孔子祖述堯舜，憲章文武，其德也像天地一樣偉大，像日月一樣光明。孔子的偉大之處，即是天地的偉大之處，天地的偉大之處就是孔子的偉大之處。因為孔子與天地比肩，與日月同輝。

這一章以孔子為典範，盛讚他的德行，為後世塑造了一個偉大、崇高而不朽的形象，使孔子流芳百世而成為後代人永遠學習與敬仰的楷模。

第三十一章（至聖）

唯天下至聖，為能聰明睿知，足以有臨❶也；寬裕溫柔，足以有容也；發強剛毅，足以有執也；齊莊❷中正，足以有敬也；文理密察，足以有別也。溥博淵泉❸，而時出❹之。溥博如天，淵泉如淵。見而民莫不敬，言而民莫不信，行而民莫不說❺。是以聲名洋溢乎中國，施及蠻貊❻。舟車所至，人力所通，天之所覆，地之所載，日月所照，霜露所隊❼，凡有血氣者，莫不尊親，故曰配天。

（右第三十一章）

【注釋】❶有臨　居上臨下。臨，本指高處朝向低處，後引申為上對下之稱。《論語・為政》：「臨之以莊，則敬。」❷齊莊　恭敬莊重。齊，通「齋」。❸溥博淵泉　溥博，遼闊廣大。溥，通「普」。普遍；全面。淵泉，深潭。《列子・黃帝》：「心如淵泉，形如處女。」後引申為思慮深遠。❹時出　在適當時候表現出來。❺說　通「悅」。高興。❻蠻貊　皆古代少數民族。❼隊　通「墜」。墜落。

【語譯】只有天下最崇高的聖人，能夠做到耳聰目明，具有智慧，足以居高臨下，治理天下；能夠做到胸懷寬廣，態度溫和，足以容納外物，實行仁道；能夠做到奮發勇敢，剛強堅毅，足以選擇決斷，實行義理；能夠做到嚴肅莊重，適中正直，足以認真恭敬，實行禮儀；能夠做到精通學術禮樂，周密明察，足以辨別是非，顯示智慧。崇高的聖人，美德廣博而又深厚，並且適時地表現出來。他的德性廣博，就像遼闊的天空；他的德性深沉，就像幽深的水潭。他的美德表現在儀容上，民眾沒有誰不敬佩；他的美德表現在言語上，民眾沒有誰不信任；他的美德表現在行為上，民眾沒有誰不心悅誠服。因此，聖人的美好聲名廣泛流布到中原各國，而且傳到了遙遠的蠻族、貊族地區。凡是車船所能到達的地方，人力所能通達的地方，上天所覆蓋的地方，大地所承載的地方，日月所照耀的地方，霜露所降落的地方，這些地方一切有血有氣的生物，沒有誰不尊重親近他。所以說，聖人的美德可以與天相配。

（上面一段是第三十一章。）

【研析】本章盛讚天下聖人的崇高美德，認為聖人的美德，像蒼天那樣遼闊廣袤，像淵泉那樣深沉幽靜。他的美德表現在儀容、言語和行動等方面，人們見了，沒有誰不敬佩和信任的。聖人的美德感化了凡是與之相識相關的人，因此，獲得了廣泛的傳播，得到了人們的高度認同。不僅如此，聖人的美德還使得普天之下的一切生物不得不敬重。本章在盛讚聖人崇高美德的同時，也對普通民眾崇拜敬佩聖人之德的行為傾向表示了某種程度的肯定。在《中庸》的作者看來，也許是聖人美德的崇高和偉大所致，也許是民眾對聖人美德的崇拜與仰慕，使聖人的美德最大限度地實現了《大學》所講的新民的目標，實現了「獨善其身」和「兼善天下」的完美結合。聖人的美德是值得敬佩的，只要有聖人的美德，民眾也是可以向善和具有自身的美德的，這實際上是本章所隱含的結論。

第三十二章（經綸）

唯天下至誠，為能經綸❶天下之大經，立天下之大本，知天地之化育。夫焉有所倚！肫肫❷其仁，淵淵其淵❸，浩浩其天❹。苟不固聰明聖知達天德者❺，其孰能知之？

（右第三十二章）

【注釋】❶經綸 原指在用蠶絲紡織以前先整理絲縷。引申為治理國家大事，創制天下的法規。朱熹解釋說：「經綸，皆治絲之事：經者，理其緒而分之；綸者，比其類而合之也。經，常也。大經者，五品之人倫；大本者，所性之全體也。惟聖人之德極誠無妄，故於人倫各盡其當然之實，而皆可以為天下後世法，所謂經綸之也。」《中庸章句》❷肫肫 誠摯深厚的樣子。❸淵淵其淵 指聖人的思慮像潭水一樣幽深。淵淵，水深。《莊子・知北遊》：「淵淵乎其若海。」❹浩浩其天 指聖人的美德如蒼天一樣廣闊。浩浩，原指水盛大浩瀚的樣子。《尚書・堯典》：「湯湯洪水方割，蕩蕩懷山襄陵，浩浩滔天。」引申為廣闊。❺達天德者 通達天賦美德的人。

【語　譯】只有天下最真誠的聖人，才可以創制天下的大綱大法，建立天下最重大的根本，才能夠懂得天地變化和養育萬物的道理。他有什麼別的依傍呢？他的仁德是那樣誠摯，他的思慮是那樣深厚，深沉得像深潭，浩渺得像長天啊！如果不是本來就聰明智慧、能夠貫通天德的人，又有誰能真正瞭解至誠之道呢?!

（上面一段是第三十二章。）

【研　析】本章承接上章的內容，繼續談論具備至誠品德的聖人對社會所產生的巨大作用和影響。認為只有具備至誠品德的聖人才可以創制天下之大經，建立天下之大本，為天下萬民提供行為的準則。聖人的德性是那樣的廣博，能夠使所有的人都得到感化；聖人的智慧是那樣的深刻，能夠洞穿倫理道德和天下萬有的真諦。儒家特別強調聖人對社會道德生活的影響，認為只要有了聖人，社會生活就會走上正軌，國家政治就會清明而有秩序，個人的道德脩養就有了可以效法的楷模。因此，聖人是社會理想、生活理想、個人理想和人格理想的化身，代表著社會的文明，生活的和諧與個人的希望。崇尚聖人，實際上是在抒發著儒家學者的人文理想和道德希望。

第三十三章（尚絅）

《詩》曰：「衣錦尚絅❶。」惡其文之著也。故君子之道，闇然❷而日章；小人之道，的然❸而日亡。君子之道，淡而不厭，簡而文，溫而理。知遠之近，知風之自，知微之顯，可與入德矣。《詩》云：「潛雖伏矣，亦孔之昭❹。」故君子內省不疚，無惡於志。君子之所不可及者，其唯人之所不見乎？《詩》云：「相在爾室，尚不愧于屋漏❺。」故君子不動而敬，不言而信。《詩》曰：「奏假無言，時靡有爭❻。」是故君子不賞而民勸，不怒而民威於鈇鉞❼。《詩》曰：「不顯惟德，百辟其刑之❽。」是故君子篤恭而天下平。《詩》云：「予懷明德，不大聲以色❾。」子曰：「聲色之於以化民，末也。」《詩》曰：「德輶如毛❿。」毛猶有倫⓫。「上天之載，無聲無臭⓬。」至矣！

（右第三十三章。子思因前章極致之言，反求其本。復自下學為己謹獨之事，推而言之，以馴致乎篤恭而天下平之盛，又贊其妙，至於無聲無臭而後已焉。蓋舉一篇之要而約言之，其反復丁寧示人之意，至深切矣。學者其可不盡心乎？）

【注釋】❶衣錦尚絅　引自《詩經・衛風・碩人》。這是一首歌頌衛莊公夫人姜氏美貌的詩，說姜氏初嫁到衛國的那天就給衛國人深刻的印象。衣，此處作動詞用，指穿衣。錦，指色彩鮮豔的衣服。尚，加在上面。絅，同「褧」。用麻布製的罩衣。❷闇然　暗淡的樣子。闇，「暗」的異體字。❸的然　鮮豔的樣子。的，鮮明；顯著。❹潛雖伏矣二句　引自《詩經・小雅・正月》。這是一首揭露社會現實的詩。孔，很。昭，《詩經》原作「炤」，炤與昭同，意為明顯。❺相在爾室二句　引自《詩經・大雅・抑》。相，注視；看。屋漏，指古代室內西北角設小帳的地方。相傳是神明所在，所以這裡是以屋漏代指神明。不愧屋漏喻指心地光明，不在暗中做壞事，起壞念頭。❻奏假無言二句　引自《詩經・商頌・烈祖》。這首詩是商的後代宋國在祭祀祖先時唱的樂歌。奏，進奉。假，通「格」。即感通，指誠心能與鬼神或外物互相感應。靡，沒有。❼鈇鉞　古代執行軍法時用的斧子。鈇，鍘刀，古人用以腰斬的刑具。鉞，古代一種兵器。❽不顯惟德二句　引自《詩經・周頌・烈文》。這是周王在舉行封侯儀式上所唱的樂歌。不顯，不，通「丕」，不顯即大顯。百辟，指諸侯。刑，通「型」。示範；效法。❾予懷明德二句　引自《詩經・大雅・皇矣》。這是一首史詩，敘述周朝祖先開國創業的歷史。聲，號令。色，容貌。以，與。❿德輶如毛　引自《詩經・大雅・烝民》。輶，古代一種輕便車，引申為輕。⓫毛猶有倫　是說羽毛雖然輕微，但還是有東西可以類比的。倫，比也。⓬上天之載二句　引自《詩經・大雅・文王》。這句詩的意思是說上天化育萬物的道理。上天化育萬物，沒有聲音和氣味，世上沒有什麼東西可以用來形容它的高妙。臭，氣味。

【語　譯】《詩經》說：「身穿錦繡衣服，外面罩件套衫。」這樣做是為了避免錦衣紋彩太顯露。所以，君子的道深藏不露而日益彰明；小人的道顯露無遺而日益消亡。君子的道，平淡而有意味，簡略而有文采，溫和而有條理，由近知遠，由風知源，由微知顯，這樣，就可以進入道德的境界了。《詩經》說：「魚兒潛伏深水中，仍然清晰看得見。」所以君子經常在內心深處自我反省，沒有愧疚，沒有惡念存於心志之中。君子的德行之所以高於一般人，大概就是在這些不被人看見的地方吧？《詩經》說：「看你獨自在室中，心地光明應無愧。」所以君子就是在沒做什麼事的時候也是恭敬的，就是在沒有對人說什麼的時候也是信實的。《詩經》說：「默默無聲作祈禱，今時不再有爭執。」所以，君子不用賞賜，老百姓也會互相勸勉；不用發怒，老百姓也會很畏懼。《詩經》說：「充分弘揚好德性，諸侯便會齊效行。」所以，君子篤實恭敬就能使天下太平。《詩經》說：「文王美德我懷念，大聲厲色從不用。」孔子說：「用大聲厲色去教育老百姓，是最惡劣的行為。」《詩經》說：「美德微妙如鴻毛。」鴻毛雖然輕微細小，但還是有東西可以類比。《詩經》說：「天生萬物有其道，無聲無味真奇妙。」這才是最高的境界啊！

（上面一段是第三十三章。子思按照前章所說賢人道德的極致，反過來探求其根本方法。這一章再從後學立身慎獨說起，一直講到君子篤厚恭謹而天下太平的盛況，更稱讚他們德行高妙，達到了「無聲無臭」的最高境界。因之這是揭示《中庸》一書要旨而加以總結說明的一章。其中所包含的反覆叮嚀教人的用意真是深遠懇切，讀書人難道可以不盡心去研究嗎？）

【研　析】本章大量引用《詩經》裡面的詩句，來表達作者對德治社會的肯定和嚮往。在儒家看來，統治者應當用仁義道德來治理天下國家，才能使天下太平，國家政治清明。德治社會的最高境界就是聖者之治，聖者之治恰如自然界中的空氣。空氣無聲無色無味，誰也看不見聽不到嗅不出，可是誰也離不開它。又如杜甫的詩：「好雨知時節，當春乃發生。隨風潛入夜，潤物細無聲。」（〈春夜喜雨〉）這種境界，和風細雨，沁人心脾而入人肺腑，使人在潛移默化中受到感化陶養，自覺地向善崇道。所以，君子不用賞賜而百姓就會受到鼓勵，不用發怒老百姓就會感到畏懼。德行能達到這種境界，當然是至德之治了。

次一等的境界，就是「輕如鴻毛」的境界。鴻毛雖然輕微，但畢竟還是有東西可以類比。這種境界即是君子的境界，需要在教育和修養中來成就德性，並通過合理的方法和手段的運用來達到天下大治。

最差的要算那種對老百姓大聲訓斥和強迫壓制的境界。其實這已不是什麼境界，不過是一種不得已而為之的手段罷了。所以，孔子認為是「末也」。靠大聲訓斥和強迫壓制老百姓，只會引起老百姓的反感和厭惡，甚至導致老百姓的反抗，進而引起社會動盪，天下大亂。對這種治理方式，儒家表示了極大的不滿，並力主德治，希望用德治來矯正政治的偏弊，達到天下大治。

本章是《中庸》全篇的結尾，重在強調德行的實施。從天理到人道，從知到行，從理論到實踐，從「君子篤恭」到「天下平」，既回到與《大學》相呼應的人生進修階梯之上，又提取《中庸》全篇的宗旨而加以概括。各段文字，既有詩為證又引申發揮。難怪得朱熹要在《中庸章句》的末尾大發感歎：「舉一篇之要而約言之，其反復丁寧示人之意，至深切矣。學者其可不盡心乎？」我們細讀精研這一章，發現《中庸》的作者真可謂用心良苦，寓意高遠。本章精神之厚重，思想之深刻，立論之確當，闡說之高明，不由人不生敬意！

附錄一

大學章句序

大學之書，古之大學所以教人之法也。蓋自天降生民，則既莫不與之以仁義禮智之性矣。然其氣質之稟，或不能齊，是以不能皆有以知其性之所有而全之也。一有聰明睿智能盡其性者出於其間，則天必命之以為億兆之君師，使之治而教之以復其性，此伏羲、神農、黃帝、堯、舜所以繼天立極，而司徒之職，典樂之官，所由設也。三代之隆，其法寖備，然後王宮國都以及閭巷，莫不有學。人生八歲，則自王公以下，至於庶人之子弟，皆入小學，而教之以灑掃應對進退之節，禮、樂、射、御、書、數之文；及其十有五年，則自天子之元子眾子，以至公卿大夫元士之適子，與凡民之俊秀，皆入大學，而教之以窮理正心修己治人之道，此又學校之教，大小之節，所以分也。夫以學校之設，其廣如此，教之之術，其次第節目之詳又如此，而其所以為教，則又皆本之人君躬行心得之餘，不待求之民生日用彝倫之外，是以當世之人無不學，其學焉者，無不有以知其性分之所固有，職分之所當為，而各俛焉以盡其力，此古昔盛時，所以治隆於上，俗美於下，而非後世之所能及也。及周之衰，賢聖之君不作，學校之政不修，教化陵夷，風俗頹敗，時則有若孔子之聖，而不得君師之位，以行其政教，於是獨取先王之法，誦而傳之，以詔後世，若〈曲禮〉、〈少儀〉、〈內則〉、〈弟子職〉諸篇，固小學之支流餘裔；而此篇者，則因小學之成功，以著大學之明法，外有以極其規模之大，而內有以盡其節目之詳者也。三千之徒，蓋莫不聞其說，而曾氏之傳，獨得其宗，於是作為傳義，以發其意。及孟子沒，而其傳泯焉，則其書雖存，而知者鮮矣。自是以來，俗儒記誦詞章之習，其功倍於小學而無用；異端虛無寂滅之教，其高過於大學而無實；其他權謀術數，一切以就功名之說，與夫百家眾技之流，所以惑世誣民，充塞仁義者，又紛然雜出乎其間，使其君子不幸而不得聞大道之要，其小人不幸而不得蒙至治之澤，晦盲否塞，反覆沈痼，以及五季之衰，而壞亂極矣！天運循環，無往不復；宋德隆盛，治教休明。於是河南程氏兩夫子出，而有以接乎孟氏之傳，實始尊信此篇而表章之，既又為之次其簡編，發其歸趣，然後古者大學教人之法，聖經賢傳之指，粲然復明於世。雖以熹之不敏，亦幸私淑而與有聞焉。顧其為書，猶頗放失，是以忘其固陋，采而輯之，間亦竊附己意，補其闕略，以俟後之君子。極知僭踰，無所逃罪，然於國家化民成俗之意，學者修己治人之方，則未必無小補云。

淳熙己酉二月甲子新安朱熹序

附錄二

中庸章句序

中庸何為而作也？子思子憂道學之失其傳而作也。蓋自上古聖神，繼天立極，而道統之傳有自來矣。其見於經，則允執厥中者，堯之所以授舜也。人心惟危，道心惟微，惟精惟一，允執厥中者，舜之所以授禹也。堯之一言，至矣盡矣，而舜復益之以三言者，則所以明夫堯之一言，必如是而後可庶幾也。蓋嘗論之，心之虛靈知覺，一而已矣，而以為有人心道心之異者，則以其或生於形氣之私，或原於性命之正，而所以為知覺者不同，是以或危殆而不安，或微妙而難見耳。然人莫不有是形，故雖上智，不能無人心，亦莫不有是性，故雖下愚，不能無道心。二者雜於方寸之間，而不知所以治之，則危者愈危，微者愈微，而天理之公，卒無以勝夫人欲之私矣。精則察夫二者之間而不雜也，一則守其本心之正而不離也。從事於斯，無少間斷，必使道心常為一身之主，而人心每聽命焉，則危者安，微者著，而動靜云為，自無過不及之差矣。夫堯、舜、禹，天下之大聖也。以天下相傳，天下之大事也。以天下之大聖，行天下之大事，而其授受之際，丁寧告戒，不過如此，則天下之理，豈有以加於此哉？自是以來，聖聖相承，若成湯、文、武之為君，皋陶、伊、傅、周、召之為臣，既皆以此而接夫道統之傳，若吾夫子，則雖不得其位，而所以繼往聖、開來學，其功反有賢於堯、舜者。然當是時，見而知之者，惟顏氏、曾氏之傳得其宗，及曾氏之再傳，而復得夫子之孫子思，則去聖遠而異端起矣。子思懼夫愈久而愈失其真也，於是推本堯、舜以來相傳之意，質以平日所聞父師之言，更互演繹，作為此書，以詔後之學者。蓋其憂之也深，故其言之也切；其慮之也遠，故其說之也詳。其曰天命率性，則道心之謂也；其曰擇善固執，則精一之謂也；其曰君子時中，則執中之謂也。世之相後，千有餘年，而其言之不異，如合符節，歷選前聖之書，所以提挈綱維，開示蘊奧，未有若是其明且盡者也。自是而又再傳以得孟氏，為能推明是書，以承先聖之統，及其沒而遂失其傳焉。則吾道之所寄，不越乎言語文字之間，而異端之說，日新月盛，以至於老佛之徒出，則彌近理而大亂真矣。然而尚幸此書之不泯，故程夫子兄弟者出，得有所考，以續夫千載不傳之緒；得有所據，以斥夫二家似是之非。蓋子思之功，於是為大，而微程夫子，則亦莫能因其語而得其心也。惜乎其所以為說者不傳，而凡石氏之所輯錄，僅出於其門人之所記，是以大義雖明，而微言未析；至其門人所自為說，則雖頗詳盡而多所發明，然倍其師說，而淫於老佛者，亦有之矣。熹自蚤歲，即嘗受讀，而竊疑之，沉潛反復，蓋亦有年，一旦恍然似有以得其要領者，然後乃敢會眾說而折其中，既為定著章句一篇，以俟後之君子。而一二同志，復取石氏書，刪其繁亂，名以輯略，且記所嘗論辯取舍之意，別為《或問》，以附其後。然後此書之旨，支分節解，脈絡貫通，詳略相因，巨細畢舉，而凡諸說之同異得失，亦得以曲暢旁通而各極其趣。雖於道統之傳，不敢妄議，然初學之士，或有取焉，則亦庶乎升高行遠之一助云爾。

淳熙己酉春三月戊申新安朱熹序

古籍今注新譯叢書

【哲學類】

新譯四書讀本　謝冰瑩、邱燮友等編譯
新譯學庸讀本　王澤應注譯
新譯論語新編解義　胡楚生編著
新譯孝經讀本　賴炎元、黃俊郎注譯
新譯易經讀本　郭建勳注譯　黃俊郎校閱
新譯周易六十四卦經傳通釋　黃慶萱注譯
新譯乾坤經傳通釋　黃慶萱注譯
新譯易經繫辭傳解義　吳　怡著
新譯禮記讀本　姜義華注譯　黃俊郎校閱
新譯儀禮讀本　顧寶田、鄭淑媛注譯　黃俊郎校閱
新譯孔子家語　羊春秋注譯　周鳳五校閱
新譯老子讀本　余培林注譯
新譯帛書老子　趙　鋒注譯
新譯老子解義　吳　怡著
新譯莊子讀本　黃錦鋐注譯
新譯莊子讀本　張松輝注譯
新譯莊子本義　水渭松注譯
新譯莊子內篇解義　吳　怡著
新譯列子讀本　莊萬壽注譯

新譯管子讀本　湯孝純注譯　李振興校閱
新譯墨子讀本　李生龍注譯　李振興校閱
新譯公孫龍子　丁成泉注譯　黃志民校閱
新譯晏子春秋　陶梅生注譯　葉國良校閱
新譯鄧析子　徐忠良注譯　劉福增校閱
新譯荀子讀本　王忠林注譯
新譯尹文子　徐忠良注譯　黃俊郎校閱
新譯尸子讀本　水渭松注譯　陳滿銘校閱
新譯鶡冠子　趙鵬團注譯
新譯鬼谷子　王德華等注譯
新譯韓非子　賴炎元、傅武光注譯
新譯呂氏春秋　朱永嘉、蕭　木注譯　黃志民校閱
新譯韓詩外傳　孫立堯注譯
新譯淮南子　熊禮匯注譯　侯迺慧校閱
新譯春秋繁露　朱永嘉、王知常注譯
新譯新書讀本　饒東原注譯　黃沛榮校閱
新譯新語讀本　王　毅注譯　黃俊郎校閱
新譯潛夫論　彭丙成注譯　陳滿銘校閱
新譯論衡讀本　蔡鎮楚注譯　周鳳五校閱
新譯申鑒讀本　林家驪、周明初注譯　周鳳五校閱
新譯人物志　吳家駒注譯　黃志民校閱
新譯張載文選　張金泉注譯
新譯近思錄　張京華注譯
新譯傳習錄　李生龍注譯
新譯呻吟語摘　鄧子勉注譯

新譯明夷待訪錄　李廣柏注譯　李振興校閱

【文學類】

新譯詩經讀本　滕志賢注譯
新譯楚辭讀本　林家驪注譯
新譯楚辭讀本　傅錫壬注譯
新譯文心雕龍　羅立乾注譯
新譯六朝文絜　蔣遠橋注譯
新譯世說新語　劉正浩、邱燮友等注譯
新譯昭明文選　周啟成等注譯
新譯古文觀止　謝冰瑩、邱燮友等注譯
新譯古文辭類纂　黃　鈞、葉幼明等注譯
新譯樂府詩選　溫洪隆、溫　強注譯
新譯古詩源　馮保善注譯
新譯千家詩　邱燮友、劉正浩注譯
新譯詩品讀本　程章燦、成　林注譯
新譯花間集　朱恒夫注譯
新譯南唐詞　劉慶雲注譯
新譯絕妙好詞　聶安福注譯
新譯唐詩三百首　邱燮友注譯
新譯宋詩三百首　陶文鵬注譯
新譯宋詞三百首　汪　中注譯
新譯宋詞三百首　劉慶雲注譯
新譯元曲三百首　賴橋本、林玫儀注譯
新譯明詩三百首　趙伯陶注譯

新譯清詩三百首　王英志注譯
新譯清詞三百首　陳水雲等注譯
新譯唐人絕句選　卞孝萱、朱崇才注譯　齊益壽校閱
新譯唐才子傳　戴揚本注譯
新譯拾遺記　石　磊注譯
新譯搜神記　黃　鈞注譯
新譯唐傳奇選　束　忱、張宏生注譯　侯迺慧校閱
新譯宋傳奇小說選　束　忱注譯
新譯明傳奇小說選　陳美林、皋于厚注譯
新譯容齋隨筆選　朱永嘉等注譯
新譯明散文選　周明初注譯
新譯明清小品文選　鄭　婷注譯
新譯人間詞話　馬自毅注譯
新譯白香詞譜　劉慶雲注譯
新譯幽夢影　馮保善注譯
新譯菜根譚　吳家駒注譯
新譯小窗幽記　馬美信注譯
新譯圍爐夜話　馬美信注譯
新譯郁離子　吳家駒注譯
新譯歷代寓言選　黃瑞雲注譯
新譯賈長沙集　林家驪注譯
新譯揚子雲集　葉幼明注譯
新譯曹子建集　曹海東注譯　蕭麗華校閱
新譯建安七子詩文集　韓格平注譯
新譯阮籍詩文集　林家驪注譯　簡宗梧、李清筠校閱

新譯嵇中散集　崔富章注譯　莊耀郎校閱
新譯陸機詩文集　王德華注譯
新譯陶淵明集　溫洪隆注譯　齊益壽校閱
新譯江淹集　羅立乾、李開金注譯
新譯庾信詩文選　歸　青注譯
新譯初唐四傑詩集　李福標注譯
新譯駱賓王文集　黃清泉注譯　陳全得校閱
新譯王維詩文集　陳鐵民注譯
新譯孟浩然詩集　楊　軍注譯
新譯李白詩全集　郁賢皓注譯
新譯李白文集　郁賢皓注譯
新譯杜甫詩選　張忠綱、趙睿才、綦　維注譯
新譯杜詩菁華　林繼中注譯
新譯高適岑參詩選　孫欽善、陳鐵民注譯
新譯昌黎先生文集　周啟成等注譯　陳滿銘等校閱
新譯劉禹錫詩文選　閻　琦注譯
新譯柳宗元文選　卞孝萱、朱崇才注譯
新譯白居易詩文選　陶　敏、魯　茜注譯
新譯元稹詩文選　郭自虎注譯
新譯李賀詩集　彭國忠注譯
新譯杜牧詩文集　張松輝注譯　陳全得校閱
新譯李商隱詩選　朱恒夫、姚　蓉等注譯
新譯范文正公選集　沈松勤、王興華注譯　葉國良校閱
新譯蘇洵文選　羅立剛注譯
新譯蘇軾文選　滕志賢注譯
新譯蘇軾詞選　鄧子勉注譯
新譯蘇轍文選　朱　剛注譯
新譯曾鞏文選　高克勤注譯
新譯王安石文選　沈松勤注譯
新譯唐宋八大家文選　鄧子勉注譯
新譯柳永詞集　侯孝瓊注譯
新譯李清照集　姜漢椿等注譯
新譯陸游詩文集　韓立平注譯　彭國忠校閱
新譯辛棄疾詞選　聶安福注譯
新譯歸有光文選　鄔國平注譯
新譯唐順之詩文選　馬美信注譯
新譯徐渭詩文選　周　群等注譯
新譯薑齋文集　平慧善注譯　周鳳五校閱
新譯顧亭林文集　劉九洲注譯　黃俊郎校閱
新譯納蘭性德詞　馮　乾注譯
新譯方苞文選　鄔國平等注譯
新譯鄭板橋集　朱崇才注譯
新譯袁枚詩文選　王英志注譯
新譯李慈銘詩文選　潘靜如注譯
新譯聊齋誌異選　任篤行等注譯　袁世碩校閱
新譯閱微草堂筆記　嚴文儒注譯
新譯浮生六記　馬美信注譯
新譯弘一大師詩詞全編　徐正綸編著

歷史類

新譯史記	韓兆琦注譯	
新譯漢書	吳榮曾等注譯	
新譯後漢書	魏連科等注譯	
新譯三國志	吳樹平等注譯	
新譯資治通鑑	張大可、韓兆琦等注譯	
新譯史記—名篇精選	韓兆琦注譯	
新譯尚書讀本	吳　璵注譯	
新譯尚書讀本	郭建勳注譯	
新譯周禮讀本	賀友齡注譯	
新譯逸周書	牛鴻恩注譯	
新譯左傳讀本	郁賢皓等注譯	傅武光校閱
新譯公羊傳	雪　克注譯	周鳳五校閱
新譯穀梁傳	顧寶田注譯	葉國良校閱
新譯春秋穀梁傳	周　何注譯	
新譯戰國策	溫洪隆注譯	陳滿銘校閱
新譯國語讀本	易中天注譯	侯迺慧校閱
新譯說苑讀本	左松超注譯	
新譯說苑讀本	羅少卿注譯	周鳳五校閱
新譯新序讀本	葉幼明注譯	黃沛榮校閱
新譯吳越春秋	黃仁生注譯	李振興校閱
新譯西京雜記	曹海東注譯	李振興校閱
新譯列女傳	黃清泉注譯	陳滿銘校閱
新譯越絕書	劉建國注譯	黃俊郎校閱
新譯燕丹子	曹海東注譯	李振興校閱
新譯東萊博議	李振興、簡宗梧注譯	
新譯唐六典	朱永嘉、蕭　木注譯	
新譯唐摭言	姜漢椿注譯	

【宗教類】

新譯金剛經	徐興無注譯	侯迺慧校閱
新譯高僧傳	朱恒夫、王學均等注譯	潘栢世校閱
新譯碧巖集	吳　平注譯	
新譯百喻經	顧寶田注譯	
新譯楞嚴經	賴永海、楊維中注譯	
新譯梵網經	王建光注譯	
新譯圓覺經	商海鋒注譯	
新譯法句經	劉學軍注譯	
新譯六祖壇經	李中華注譯	丁　敏校閱
新譯禪林寶訓	李中華注譯	潘栢世校閱
新譯維摩詰經	陳引馳、林曉光注譯	
新譯經律異相	顏洽茂注譯	
新譯阿彌陀經	蘇樹華注譯	
新譯無量壽經	邱高興注譯	
新譯無量壽經	蘇樹華注譯	
新譯妙法蓮華經	張松輝注譯	丁　敏校閱
新譯景德傳燈錄	顧宏義注譯	
新譯大乘起信論	韓廷傑注譯	潘栢世校閱
新譯釋禪波羅蜜	蘇樹華注譯	
新譯八識規矩頌	倪梁康注譯	
新譯永嘉大師證道歌	蔣九愚注譯	
新譯華嚴經入法界品	楊維中注譯	
新譯地藏菩薩本願經	李承貴注譯	

新譯悟真篇　劉國樑、連　遙注譯
新譯无能子　張松輝注譯
新譯坐忘論　張松輝注譯
新譯列仙傳　張金嶺注譯　陳滿銘校閱
新譯抱朴子　李中華注譯　黃志民校閱
新譯神仙傳　周啟成注譯
新譯性命圭旨　傅鳳英注譯
新譯老子想爾注　顧寶田、張忠利注譯　傅武光校閱
新譯周易參同契　劉國樑注譯　黃沛榮校閱
新譯道門觀心經　王　卡注譯　黃志民校閱
新譯養性延命錄　曾召南注譯　劉正浩校閱
新譯樂育堂語錄　戈國龍注譯
新譯冲虛至德真經　張松輝注譯　周鳳五校閱
新譯長春真人西遊記　顧寶田等注譯
新譯黃庭經・陰符經　劉連朋等注譯

軍事類

新譯司馬法　王雲路注譯
新譯尉繚子　張金泉注譯
新譯三略讀本　傅　傑注譯
新譯六韜讀本　鄔錫非注譯
新譯吳子讀本　王雲路注譯
新譯孫子讀本　吳仁傑注譯
新譯李衛公問對　鄔錫非注譯

教育類

新譯爾雅讀本　陳建初等注譯
新譯顏氏家訓　李振興、黃沛榮等注譯
新譯聰訓齋語　馮保善注譯
新譯曾文正公家書　湯孝純注譯　李振興校閱
新譯三字經　黃沛榮注譯
新譯百家姓　馬自毅、顧宏義注譯
新譯幼學瓊林　馬自毅注譯　陳滿銘校閱
新譯增廣賢文・千字文　馬自毅注譯　李清筠校閱
新譯格言聯璧　馬自毅注譯

政事類

新譯商君書　貝遠辰注譯　陳滿銘校閱
新譯鹽鐵論　盧烈紅注譯　黃志民校閱
新譯貞觀政要　許道勳注譯　陳滿銘校閱

地志類

新譯山海經　楊錫彭注譯
新譯水經注　陳橋驛、葉光庭注譯
新譯佛國記　楊維中注譯
新譯大唐西域記　陳　飛、凡　評注譯　黃俊郎校閱
新譯洛陽伽藍記　劉九洲注譯　侯迺慧校閱
新譯徐霞客遊記　黃　珅注譯　黃志民校閱
新譯東京夢華錄　嚴文儒注譯　侯迺慧校閱